# 新篇 葉隠《はがくれ》

神子侃 編訳
〈原著〉山本常朝 田代陣基

# はしがき

## 『葉隠』とわたしの六十年・四回の節目

『葉隠《はがくれ》』は武士道についての物騒《ぶっそう》な本だとされています。たしかに過激な条項もあります。ですが、それだけではなく、短文が千四百余項目もあるこの随想録のなかには、きめ細かい観察にもとづく人間関係やら勤めの智恵、変化する時代との関わり方、出世への考え方などなど、いまなお「なるほどなあ」と思わせることが多いのです。賛否いずれにせよ、この本は、その独特な成立の由来を知ることで中味をよりよく理解できるでしょう。

＊

江戸時代の初期、佐賀鍋島藩の二代目藩主・光茂《みつしげ》の側近で、九歳のときから出仕した山《やま》本常朝《もとつねとも》（一六五九—一七一九）という武士がいました。関係はありませんが、赤穂藩の大《おお》石良雄《いしよしお》と同い年だったそうですから、ほぼ時代背景が判るでしょう。常朝が四十二歳のとき三十数年も仕えつづけてきた光茂が病死します。追い腹は禁止されていたので、かれはすぐ頭をまるめて引退し、佐賀北方の山里に草庵を結びました。

約十年経った桜咲く春の一日、五十二歳を迎えた常朝の草庵に小笹を分けて田代陣基《たしろつらもと》という三十二歳の後輩が訪ねてきます。かれは三代目藩主綱茂《つなしげ》の側近で祐筆《ゆうひつ》役をしていたのですが、前年、何かの理由（不詳）で役目を解かれ窓際族になっていたのでした。

ちょうど二回りという年齢差を超えてうまがあい、初対面ながら俳句を交わします。常朝《つねとも》が「浮世から何里あろうか山桜」と披露し、陣基《つらもと》は「白雲や唯今花に尋ね合ひ」と応じました。

その日から陣基は草庵に通いはじめます。かれはよほど几帳面な人間だったのでしょう。許しを得て人生の、また仕事の先輩でもある常朝の片言隻句まで克明に筆録しはじめました。常朝は「後日、必ず火中にするように」といって、四方山《よもやま》話をするのでした。それも草庵での一問一答といったしかつめらしいものでなく、ともに外出した歩行中の述懐もあれば、他所で、あるいは数人で雑談していたときのことばもあります。若侍たちとの集まりで大あくびをした者がいる。常朝はあくびについて諭《さと》し、陣基はあとでこれを筆にしている。（一九五頁参照）こんな具合です。

陣基はただ一つ、常朝との約束を破り、筆録を焼き捨てませんでした。かれは常朝が没した十二年後、五代藩主宗茂のお召しで復帰し側近に仕えます。かれが記録した常朝の語録は有志の手から手へと筆写されて伝来したものです。

『葉隠』は誤解されているように藩公認の教科書だったのではなく、むしろ異端視されていました。初めて、しかも抄本で公刊されたのは、明治末になってからなのです。

＊

大正から昭和にかけて、日本が軍国主義化されてゆくにつれ、『葉隠』は一躍、日の当たるところに踊り出ました。

「武士道…死」を眼目にして「殉国の教本」とされていったのです。

それいらい、『葉隠』が辿った道というか、その読まれ方は、大げさにいえば、二十世紀の日本の歩みを反映しているように思えます。

その過程を、顧みて「他」をいうのではなく、「己」自身と『葉隠』のかかわりとして、恥ずかしながら告白させてもらいます。なんせ六十年にわたる長丁場ですから、くどくなるかもしれません、お許し願います。

実はわたしはいま駑齢《どれい》八十余を重ねましたが、『葉隠』とのかかわりが四回の節目をもっています。『葉隠』はそのつど、別な顔を見せてくれました。

＊

第一回目は戦時中、わたしが十代の末から二十代初めにかけてでした。なにも四六時中、死と向き合っていたわけではありませんが、気楽人間のわたしでも、召集＝死ということは、日本人として受け入れなければならないものとして念頭から離れませんでした。

今にして思うと、『葉隠』の「死ぬこと」というこの一句は、強いて心を奮いたたせる「呪文」として脳裏に焼きついたのでした。実は『葉隠』といっても、この一句以外には記憶に残っていないのです。

戦後の混乱と立直りのなかで、『葉隠』はむしろ忌わしい過去の死物として、その存在すら忘れていました。

＊

第二回目の節は、敗戦後二十年近くを経た一九六〇年代の初めです。わたしは不惑《ふわく》を越えた出版人となっていました。『葉隠』はまったく違う表情でわたしの前に現われたのです。

世相は「昭和元禄時代」といわれ、泰平ムードと経済成長の高まりのなかで、わたしはアメリカの経営書とは違う企画を探し求めていました。そのさなか、わたしは、戦時中、読み取ることのできなかった『葉隠』の語る真摯《しんし》な「組織人の生き方」に、新鮮な驚きを感じました。

しかし、思想書としてではなく、一般的な実務家のための平易な訳をしてくれるような研究者はおりません。わたしは、古典大好き人間で第一線の実社会人でもある友人吉田豊氏とともに『葉隠』を読み直し、在野の碩学《せきがく》で『葉隠』に終生をかけた栗原荒野氏の精緻な校注書をたよりに、代表的な百数十編を選び出して現代語訳し、原著の順に従った抄本を公刊しました。佐賀に滞在して、常朝ゆかりの地をめぐり、また清貧そのものの栗原家を訪れて教えを受けた鮮烈な記憶も忘れられません。

*

さて第三回目は、それからさらに十数年が経過しました。一九七〇年代末、わたしは還《かん》暦《れき》を目前にしていました。二百六十年の昔、山本常朝が口述し終えた年齢でした。

その数年前からわたしは三度『葉隠』に惹《ひ》かれ、おりに触れては原典をとりついていました。なんと『葉隠』は、また別の面を見せてくれたのです。そこには、草創期から安定期に入った転換期を誠実に生きようとした男の生き方と苦悩が読み取れました。狂気と常識、栄達思考と隠遁思考、執念と諦観、そうした矛盾が素直に語られているではありませんか。

考えてみれば『葉隠』は、常朝が五十二歳から五十八歳までの間、折に触れては個人的に語った断片が、後に便宜的に十一篇に編纂（解説参照）されたものです。だれであれ、こう長期間に話した断片を他人に纏められてみれば、前後撞着《どうちゃく》があるのは当然でしょう。収録は時代順ではなく、しかもその項目がいつ語られたのかの記録はありません。読み手、読み方によって受け取り方が変って来るはずです。

わたしは改めて生き方のテーマに分けて選び出し、上梓したのでした。昭和五十二年（一九七七）でした。

＊

そしてまた二十数年たち、今回その作品が『新篇葉隠』として、タチバナ教養文庫の仲間入りをし、図らずもわたしは第四回目の関わりを持つことになりました。『葉隠』は今度は、行先の見えない時代、揺るぎの時代、どんな状況にも必要な「心の芯《しん》」として現れたのです。心の錘《おもり》といってもいいでしょう。

奇縁にもわたしはここ数年、伝統と時代の変化について思いあぐね、『葉隠』を取り出していたのでした。二十世紀の後半、わたしたち、いやわたしは変化の対応に追われてきました。しかし、昨今の世の動きは、ただ変化を追うだけでは応じきれなくなりました。国家・政治・経済・社会生活・思想……およそあらゆる人間の営みについて行き詰まりが生じ、現在の枠組みは機能しなくなってきました。世の中いったいどうなってんの？昔はよかったといって、過去の枠組みに戻れば解決するというものではない。変化にはついてゆききれない。目が回るだけです。イデオロギーも役立ちません。

そうした迷いのなかで『葉隠』の「志」がわたしの心を捉《とら》えたのです。ここには時代や体制の違いを越えた人間の「心の芯＝志」というものがある。『葉隠』の激しい表現はたまたまそれが武士社会という環境にめぐりあわせて、この形をとったものではないか。いま、価値観の変化が激しい時代、『葉隠』が役立つとすれば、ことばそのものではなく、心の芯ではなかろうか。こう考えたとき、わたしは胸のつかえが取れました。

俗な譬《たと》え方をします。知名度・地位・学識・思想・財産・職業といった社会的区分やレッテルと全くかかわりなく、どんなところにも、人間として信頼できる人もいれば、信頼できそうもない人もいる。社会的区分やレッテルなどは所詮《しょせん》「包装」です。

心の芯は、時代や体制という包装とは別に、ヒトの遺伝子として組み込まれているものではありますまいか。そして時と所によってさまざまな形であらわれる。

先覚的な国際人新渡戸稲造《にとべいなぞう》は明治三十二年、英語で現した『武士道』のなかで、次のような趣旨のことを強調しています。

「武士道は封建制という母から生まれた、いまその母は世にないが、残された武士道はなお生きつづけ、その花は新たな芳香を放つであろう」（矢内原忠雄訳・岩波文庫版『武士道』）

＊

最後に常朝と陣基がついに語り明かしてしまったある冬の朝、囲炉裏で粥を炊きながら常朝が詠んだ句をあげておきます。

朝顔の枯蔓燃ゆる庵かな

平成十五（二〇〇三）年二月

神子《かみこ》　侃《ただし》

# 例言

一、本書は『葉隠』のなかから約百四十篇を選んでテーマ別に整理し、現代語訳・注・原文の順に配列した。出所は原文末尾に、たとえば（聞書第一）というように記した。

一、――を付した部分は解説である。注は訳文中の各項のあとに○をもって記した。繁を避けるために訳文中におりこみ、もしくは［　］を付して割注をいれたものもある。訳文中の部分は原文も（　）で注記されているものである。

一、原文のテキストは主として『栗原本』にもとづいたが、読解の便をはかって若干の送りがなを補った。厳密な考証は本書の目的ではないので、必要のむきは『校註葉隠』などにあたられたい。

一、原文には、末尾に「何某話」などとした伝聞のものもあるが、おおむね訳文には省いた。『葉隠』は山本常朝の談話を田代陣基が記録したものだが、なかには陣基が常朝以外の人から聞書したと思われるものもあり、談話の主体は必ずしも明確でなく、本訳書はその点の究明は行なっていない。

一、前後の事情を理解しやすくするため、原文を補って訳出した箇所が少なくない。

新篇　葉隠／目次

## 四

## 人間関係の機微　145

## 五　「勤め」の工夫　211

## 六　時代と人生の構図　253



## 七　切腹・殉死　283

## 八　山本常朝自伝

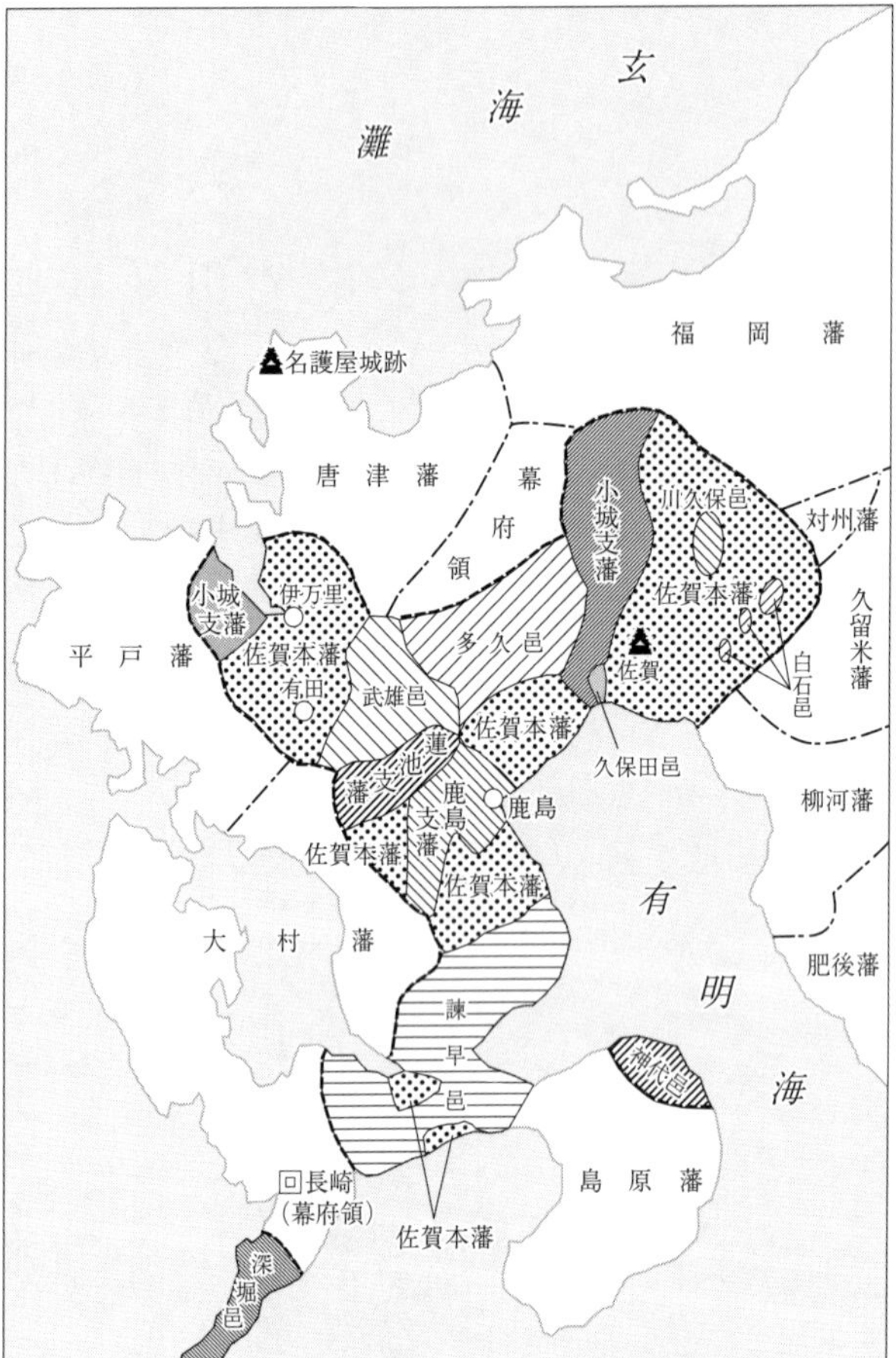
玄
海
灘
福　岡　藩
名護屋城跡
唐津藩
幕府領
小城支藩
川久保邑
対州藩
佐賀本藩
伊万里
久留米藩
平戸藩
多久邑
佐賀
白石邑
有田
武雄邑
久保田邑
蓮池支藩
鹿島支藩
鹿島
柳河藩
有
明
海
大村藩
肥後藩
諫早邑
神代邑
長崎
（幕府領）
島原藩
深堀邑

鍋島藩領邑のあらまし

# 『葉隠』理解のために

## 異端の書『葉隠』の本領

『葉隠《はがくれ》』は、徳川幕府が開かれてから約百年たった元禄《げんろく》時代の直後、佐賀《さが》藩の元御側役《おそばやく》であった山本常朝《やまもとつねとも》が口述し、後輩の田代陣基《たしろつらもと》が筆録した一種の語録であり、回想録である。

今日、それは「武士道の聖典」とされているが、そういう扱いを受けるようになったのは意外にも明治以降のことで、徳川時代にはむしろ異端視されていたのである（『葉隠』がはじめて公刊されたのは明治三十九年、それも抄本であった）。

徳川時代に君臨していた思想は朱子学《しゅしがく》である。朱子学は十二世紀に南宋《なんそう》の朱熹《しゅき》が集大成した儒学《じゅがく》で、徳川幕府はこれを封建制の支柱とすべく官許の学として保護した。各藩もこれにならって、朱子学を奨励したのである。

ところが、この『葉隠』は、そのはげしさのあまり、ともすれば権力者にとって安全な教養の体系からはみだそうとする物騒《ぶっそう》なものだったのだ。

佐賀藩には弘道館《こうどうかん》という藩校があり、その教科書は当然、朱子学の書物が中心であった。この藩校で『葉隠』が公然と教えられたことは藩政時代を通じて一度もない。『葉隠』は、もっぱら自発的に筆写して藩士から藩士へ伝えられ、家々に秘蔵されてきたのである。

佐賀の弘道館教授で後に幕府の儒官となった古賀精里《こがせいり》は『葉隠』についてこう記しているという（栗原荒野『校註葉隠』による）。

「既《すで》にして伝写稍《いささか》広まる。人或《あるい》は之を好み、藩人の学何ぞ孔孟《こうもう》を用ひむやと謂《い》ふに至る。……然《しか》れども藩の事跡此に頼つて以《もっ》て伝ふ一ならず。而《しか》して当時士風剛強自ら守る。之を後の軟媚奔競汚穢に処して恥ぢざる者に比ぶれば猶《なお》彼は此より善しとなす。世の儒を以て自ら名づくる者気息奄々《きそくえんえん》絶えんと欲す。此を以て其の矯励に資すと雖《いえど》も可なり」

つまり、『葉隠』が手から手へひそかに伝えられ、藩士たちがその影響によって、儒学を軽視し、狂気に走るのは困ったものだが、軟弱となった時代、無気力な儒者にたいする警告の書としてなら読んでもよかろう、というのである。

『葉隠』は、このように武士の正統的な教科書ではなかったのだ。そして、ここに『葉隠』の本領がある。えてして正統派というものは、その地位を保全するために時の権力に迎合し、教条化し、やがて形骸《けいがい》と化するか堕落《だらく》するか、いずれにしても清新な生命力を失ってしまう。その意味で、『葉隠』は正統的な教科書でないことによって、むしろ武士道の永遠の原典であることを主張し得るのかもしれない。武士道とは本来、野の精神であるはずなのだから……。

考えてみれば、教科書を人間形成の糧《かて》として記憶している人はまれであろう。教科書よりも教師や親に隠れ、こっそり読んだ書物によって青春を燃焼させたという人が多いはずである。佐賀藩の武士たちにとって、『葉隠』は、こうした書物だったのである。

もうひとつ、忘れてならないのは、『葉隠』は、首尾一貫した体系的なものでなく、折にふれて感興のいたるままに語った語録だということである。しかも、その内容は、人生観あり、処世の知恵あり、人物評あり、事件の記録ありというふうに千差万別である。短いのは一、二行のものから、長いのは数十行にいたるまで総計千三百四十三項目におよぶ雑録である。

もちろん、書物としての体裁は整えられている。筆録者であり編者であった田代陣基は几帳面な人物で、この厖大な記録をつぎのように編纂している。すなわち栗原荒野氏の整理によると、

| | | |
|---|---|---|
| 漫草《みだりぐさ》 | (田代陣基のはしがき) | |
| 夜陰の閑談 | (総論) | 一項目 |
| 聞書第一 | (教訓) | 二〇二項目 |
| 聞書第二 | (教訓) | 一四〇項目 |
| 聞書第三 | (藩祖鍋島直茂の言行) | 五六項目 |
| 聞書第四 | (第一代藩主勝茂と嫡子忠直の言行) | 八二項目 |
| 聞書第五 | (第二代藩主光茂、第三代藩主綱茂の年譜および言行) | 一五一項目 |
| 聞書第六 | (佐賀藩士の逸話) | 一九八項目 |
| 聞書第七 | (佐賀藩士の逸話) | 五三項目 |
| 聞書第八 | (佐賀藩士の逸話) | 八八項目 |
| 聞書第九 | (佐賀藩士の逸話) | 四一項目 |

聞書第十　（他藩の風聞、逸話）　　一六四項目
聞書第十一（補遺）　　一六七項目

しかし、ここに盛り込まれている内容は、はじめからひとつの体系をめざしたものでなく、重複や前後撞着《どうちゃく》も少なくない。

だが、これも山本常朝や田代陣基にとって、けっして不名誉なことではないのである。体系化をはかろうとすれば、どうしても辻つまをあわせるための無理が出る。『葉隠』は、発表することや権威化を考えることなく、思いつくままに記されたのであり、むしろそれだからこそ、生身《なまみ》の人間のすがたがありありと写しだされ、迫力をもって読者の胸をうつのである。

その点、私のこの訳書が、テーマ別に再整理したのは、せっかくの鮮魚をカマボコにしてしまったようなものかもしれない。つとめて矛盾は矛盾として扱ったつもりであり、はしがきで申し上げたように、厖大な原文に接しにくい実務的社会人のためのガイドであることを諒とされたい。

## 武骨と開明の同居──鍋島藩という土壌

『葉隠』には、佐賀藩の家風を強調した項目が少なくない。しかも、それは尋常一様なものでなく、

「釈迦《しやか》も孔子《こうし》も楠木《くすのき》も信玄《しんげん》も、佐賀藩に仕官したわけではないから、当家の家風にはあわない」

といい、「余所《よそ》の学問無用に候」とまでいっているのである。『葉隠』冒頭の総論ともいうべき、「夜陰《やいん》の閑談《かんだん》」と題する一節は、「御家来としては、国学心懸《こころが》くべき事なり」という文章から始まっているが、この「国学」というのも、漢学にたいする国学ではなく、藩の歴史、風習という意味である。そればかりか、「江戸や上方《かみがた》へいったら、むしろふだんより多くお国ことばを使え」「帯の結び方は鍋島風にかぎる。それは結び目をそのままにせず、端をはさみこむのだ」と、生活面についてまでも、お国ぶりを誇示しているのである。

こうしたことから、『葉隠』は「偏狭《へんきょう》な精神」の代表とされている。

だがしかし、これには、佐賀という土地の地理的状況を考慮におく必要があるのではなかろうか。邪馬台国《やまたいこく》の所在がどこであるにせよ、北九州は古代いらい、中国、朝鮮にたいする日本の玄関であった。

豊臣秀吉《とよとみひでよし》は朝鮮の役にさいし、本営を肥前名護屋《ひぜんなごや》においている。玄海灘《げんかいなだ》を目前にした東松浦半島の突端、いまの佐賀県東松浦郡鎮西町《ちんぜいちょう》である。そこへの往還には佐賀領内をとおる道も幹線の一つとして利用されており、日本全国から馳せ参じた約三十万の将兵や人夫たちの往来は、佐賀の人々にも大きな影響を与えたにちがいない。

また、江戸時代にはいって鎖国政策がとられると、長崎が唯一の外国貿易港となる。そして、佐賀はそこへの通路となるのである。長崎に上陸して江戸に向かう中国人やオランダ人の一行に、佐賀の藩士や領民たちは好奇の瞳をこらしたことであろう。

当時、外国人の居留地は長崎の出島《でじま》にかぎられていたが、長崎の市内には、じわじわと異国の香りがにじみだしていたにちがいない。隣接する佐賀藩は、幕命によって長崎の防備を担当したが、当然、その影響を受けたことであろう。『葉隠』には、藩士たちが長崎へ遊びにいって喧嘩さわぎを起こした事件のことも記録されている。

佐賀県有田市のご出身で、中国文学の泰斗《たいと》松枝茂夫氏によると、同地方の方言には、中国語からなまったと思われるものがごく最近までかなり残っていたらしい。たとえば、恋愛することを「シアンス」といい、「あん二人はシアンスしとらす」などというそうだが、これは明らかに中国語の「相思《シアンス》」であろう。また丹前《たんぜん》のことを「タオ」と称するが、これは中国語の「大襖《ターアオ》」に由来していると思われる。チャンチャンコのことを「ポイシン」というのも、中国語の「背心《ペイシン》」と符合する。

こうして、他藩の人士が往来し、内外の波をかぶるという状況下で、そのなかに埋没してしまわないためには、どうしても極端なまでに、佐賀藩の独自性を強調しなければならなかったのではないだろうか。

つまり『葉隠』のそれは、外の世界と隔絶《かくぜつ》した辺地人の偏狭ではなく、外の世界にもまれていればこそ、主体性を守ろうとするための自己主張だったと思われるのである。いずれにせよ、当時の佐賀の位置は、今日の感覚とはまるでちがい、最新文明の通路にあたっていたことを思い起こす必要があろう。そこには伝統と開化の矛盾《むじゅん》が渦まいていたのである。

『葉隠』とそれに先立つ時代における佐賀藩には、意外なほど開明的な一面もある。幕府によるキリスト教禁令の以前には、藩主鍋島直茂《なべしまなおしげ》が佐賀城下に教会をたてている。また産業振興の実利を考えてのことであろうが、朝鮮の役後、多くの陶工帰化人をうけいれているばかりでなく、帰化人を藩に召しかかえたことも『葉隠』に記されている。むしろ今日よりも偏見ははるかに少なかったのではないだろうか。『葉隠』を一面的に偏狭とみるのは考えものであろう。

『葉隠』は佐賀の独自性を強調しつつも、「鍋島家中の事情や歴史をよく知っていなければならないが、それにとらわれすぎて誤りをおかしてはならぬ」ともいっているのである。

佐賀藩の成立もまた、その地理的状況のように複雑であり、『葉隠』の起伏に富んだ内容はそれを反映している。

鍋島氏が領主となったのは、やはり中世以降の下剋上《げこくじょう》の流れを汲むものである。ただ、この新旧勢力の交替は血を流すことなく、表面上、きわめて自然に行なわれた。

戦国時代の後期、肥前《ひぜん》は龍造寺隆信《りゅうぞうじたかのぶ》が勢力を占めていた。この隆信が天正十二年（一五八四）に有馬・島津連合軍との合戦で討死したのち、子の龍造寺政家《りゅうぞうじまさいえ》が相続するが、彼には統制力がなく、天正十八年（一五九〇）、秀吉はその所領三十五万七千石を龍造寺家の家臣であった鍋島直茂に与えている。

彼は佐賀鍋島藩の藩祖として、「日峯様《にっぽうさん》」といわれ、佐賀市内の松原神社に祭られている人物だ。九州武士といえば武骨一点張りのように考えられているが、それはひいきのひきたおしというものである。出身地による人間の風土的性格というのはたしかにあるだろうが、先入感で一色に塗りつぶすのは人を見誤るもとになる。私の知人は、彼が佐賀県出身者だと知った相手からきまって「葉隠武士ですな」といわれ、閉口していた。なにしろ、彼は『葉隠』を読んだこともないのである。

さて、この鍋島直茂は、武骨と政略の両面を兼ね備えた人物であった。龍造寺隆信の母は、直茂の父清房《きよふさ》の後妻になっており、縁つづきではあるのだが、直茂は隆信の麾下《きか》としてその肥前制覇に力をつくしている。その一方で、直茂は豊臣秀吉とひそかに連絡をとり、他日を期しているのである。

秀吉の死後、関ケ原の役で鍋島氏は初め徳川方につき、直茂の子勝茂《かつしげ》は兵をひきいて江《ごう》州《しゅう》（滋賀《しが》）まで出陣するが、そこで矛先《ほこさき》を変えて豊臣《とよとみ》方に寝返り、伏見《ふしみ》・阿野津《あのつ》で徳川方と戦って敗れている。

家康《いえやす》はもちろん激怒し、鍋島家をとりつぶそうとしたが、直茂は次男忠茂《ただしげ》を人質にさしだして徳川氏に忠誠を誓い、柳河《やながわ》の立花宗茂《たちばなむねしげ》を攻略することによって許される。直茂は当時六十三歳になっていたが、この柳河攻略戦で先頭にたって戦っている。関ケ原の役は鍋島家にとって、まことに危い瀬戸ぎわだったのである。

一万石以上の大名のうち、関ケ原の役で所領を没収されたのは、五十七万四千石の宇喜《うき》多《た》家（岡山）をはじめ八十九家におよぶ。封土を削減されたのは、百二十万五千石から三十六万九千石になった毛利《もうり》家（山口）はじめ四家であった。これにたいし、封土を加増されたのは八十三万五千石から百十九万五千石になった前田家（金沢）をはじめ百十五家であり、旧領をそのまま維持し得たのは六十万五千石の島津家（鹿児島）、三十五万七千石の鍋島家（佐賀）をはじめ六十九家であった。

こうして合計、百八十八家が関ケ原の役後の新体制下に生き残るのだが、徳川幕府の体制が整えられるのにつれて、配置がえ、取りつぶしなどの再編成が進み、三代家光《いえみつ》までのあいだに、後継ぎがないという口実でつぶされた大名は五十七家、四百万石におよんでいる。

このなかで、古傷をもつ鍋島家は、よく明治まで藩の命脈を保っており、これには藩草創期の巧妙な政策がものをいっている。ここには、そのなかでも、相続争いを避けた分家政策によってがっちりと藩政を固めていったようすを見てみよう。『葉隠』には、歴代藩主たちやその血縁の名が登場する。その関係を知らないと理解しにくい点も多いのである。

鍋島藩はつぎのような構成になっていたが、その骨格は草創期に作られ、幕末までつづいた。

・佐賀本藩
・支藩＝小城藩、蓮池藩、鹿島藩
・御親類＝白石邑、川久保邑、久保田邑
・御親類同格＝諫早《いさはや》邑、武雄邑、多久邑、須古邑
・家老＝神代邑、深堀邑

これが有明海と大村湾にはさまれた一帯に配置され、がっちりと固めていたのである。鍋島家には係累が多く、親戚関係もいりくんでいた。それぞれに利害関係者がついており、へたをすればお家騒動になりかねない。それをうまく編成し、体制強化に活用していったのは、藩主以下首脳陣の相当な腕前といってよいであろう。

藩祖直茂は、佐賀本藩の第一代藩主勝茂《かつしげ》の弟忠茂《ただしげ》に二万石を分封して鹿島支藩を創設させた。また、勝茂の庶出の長子元茂《もとしげ》に七万三千石を分封して小城支藩を創設させている。

## 鍋島家系図

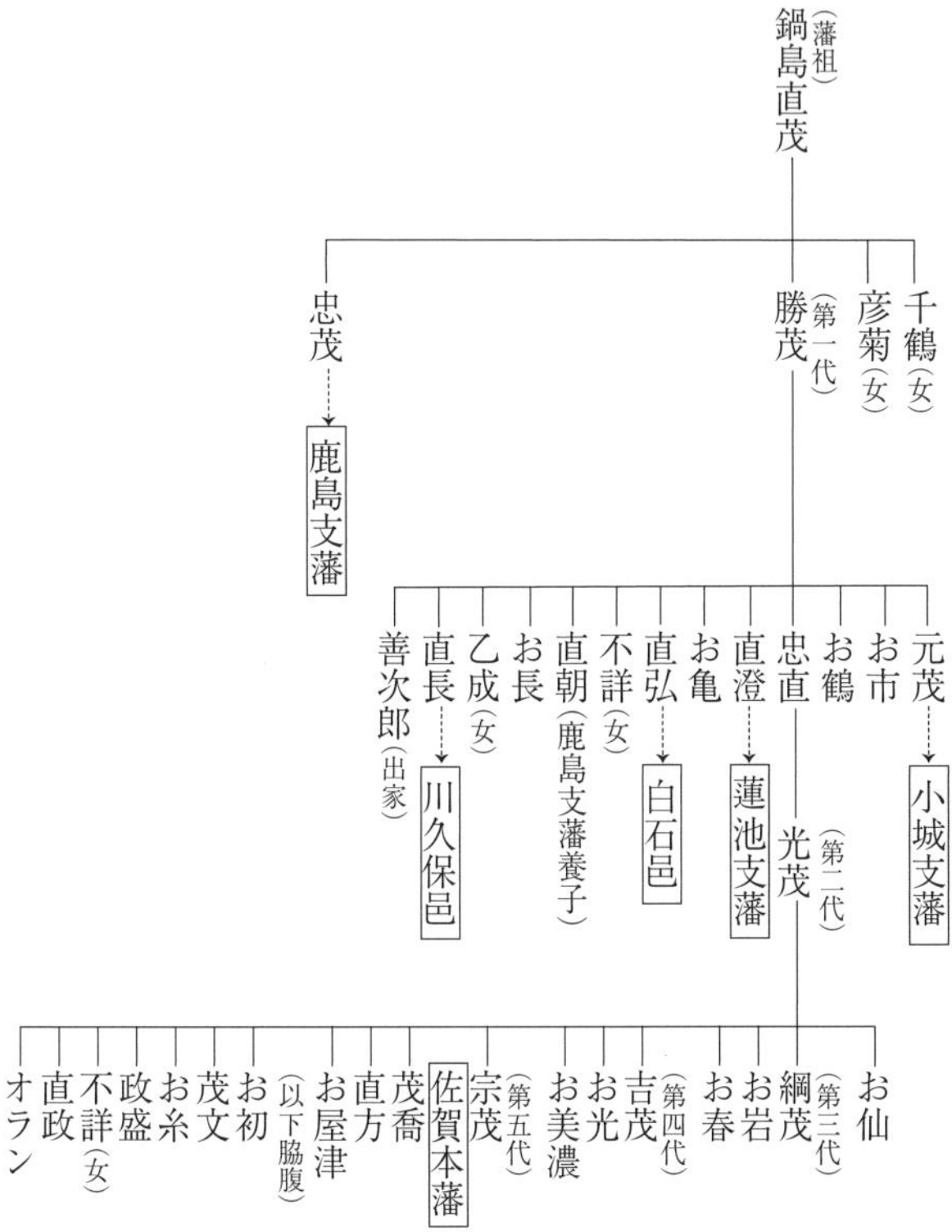


系図は栗原荒野氏による。史書によっては直茂を初代と数える。ここにあげていない夭折の子もあり、とくに光茂などは子女合計四十二人だったという。

さらに、勝茂は三男直澄《なおずみ》に五万二千石を分封して蓮池支藩を創設させた。以上が三支藩、つまり御三家である。

また勝茂の四男直弘《なおひろ》に白石邑九千石を与えるなど、これを「御親類」と称する。

そのほか、「御親類同格」というのは、直茂によって支配者の座からすべりおちた龍造寺氏の一門に領邑《りょうゆう》を与えたものである。なお勢力を残している龍造寺一門をこれで懐柔しようとしたのである。

このような仕組みをうまく運営していくためには、藩主の卓越した政治力と家臣団の円満な人間関係を必要とすることはいうまでもない。『葉隠』のなかに、人間関係にたいする細心の注意が記されているのは、こうした背景があるのである。

しかも、直茂、勝茂の代はともかく、第二代光茂《みつしげ》、第三代綱茂《つなしげ》と時代を経てくると、本藩と支藩のあいだに微妙な空気が生まれ、そのため本藩の重臣が犠牲となったこともあり、『葉隠』の時代より下って第六代宗教の代には、本藩にたいする蓮池支藩の策略が問題化し、これに関係した諫早《いさはや》邑主は所領を没収され、本藩に反抗する領民の一揆《いっき》が起きているほどである。にもかかわらず、三百年を通じて大きな破綻《はたん》を生じなかったのは、当初の布石が適切であったためであろう。

## 志と現実との矛盾――山本常朝の生涯

『葉隠』には、人生や社会の矛盾がなまなましく写しだされている。――一方で、「出世」への強い意欲を説いているかと思うと、他方では、「この世は夢」とつぶやき、「好きなことをして暮らすのがなにより」と語っている。――激烈な狂気を礼讃している一方では、きわめて常識的でそつのない処世の知恵を教えている。(三、四、五参照)――時代が悪くなったと嘆きながら、他方では「むかしはよかった」という老人を敬遠している。(二五四、二五六頁参照)――「藩を背負って立つのは自分ひとりだ」と意気ごむ反面では、ひとりで忠義づらをすることを戒めている。(二二七頁参照)

一見、こうしたことはチグハグな印象を与えるかもしれない。しかし、これが現実に生きる人間のすがたなのだ。高い志と現実の壁。その壁をつきやぶろうとする必死の努力が狂気をうみ、ついに跳ね返されたとき空しさとなる。狂気と空しさとは、もともと山本常《やまもとつね》朝《とも》にあっては同根のものだったのではないだろうか。

もし山本常朝が若いときの望みどおり首尾よく家老《かろう》職になっていたら、「立身出世の教訓」は書かれていたかもしれないが、『葉隠』はできなかったであろう。また、山本常朝がはじめから俗世に背をむけていたら、「隠者物語」は書かれていたかもしれないが、『葉隠』は成立しなかったであろう。

ひとつの志が、「悪い時代」に遭遇したとき、どう叫び、どんな生きざまとなってあらわれるか。『葉隠』の魅力は、それを示してくれるところにある。『葉隠』の扉を開くカギは、なんといっても山本常朝の生涯のなかにあるのである。

履歴書ふうにあらわすと常朝の生涯はこうなる。

万治　二(一六五九)　一歳　藩士山本神右衛門の末子として佐賀城下に生まれる。松亀と命名。
寛文　七(一六六七)　九歳　二代藩主光茂の御側小僧となる。江戸参勤に随従。
寛文　九(一六六九)　一一歳　父死去（八十歳）、年長の甥山本五郎左衛門に兄事。
寛文一二(一六七二)　一四歳　光茂の小々姓となり、市十郎と改名。

延宝　六（一六七八）　二〇歳　元服し権之丞と改名。御側役、御歌書方を命ぜられる。
延宝　七（一六七九）　二一歳　湛然和尚に仏道を学ぶ。
天和　二（一六八二）　二四歳　山本六太夫の娘と結婚。従兄弟の沢辺平左衛門が賭博の罪で切腹（常朝介錯）。
貞享　三（一六八六）　二八歳　二月、江戸において書写物役、三月、京都役を命ぜられる。六月、下国。
貞享　四（一六八七）　二九歳　甥山本五郎左衛門、失火の責を負って自刃。そのため一時、御側役を免ぜられ、後、組扱、請役付、御書物役となる。
（生類憐みの令）。
元禄　二（一六八九）　三一歳　一族の中野将監（年寄役）が忌諱に触れて切腹（常朝介錯）。
元禄　四（一六九一）　三三歳　主命により神右衛門を襲名。
元禄　八（一六九五）　三七歳　鍋島光茂隠居、嫡子綱茂が第三代藩主となる。
元禄　九（一六九六）　三八歳　京都役を命ぜられ、光茂宿望の『古今伝授』を三条西《さんじようにし》実教に要請。
元禄一二（一六九九）　四一歳　切米十石加増、知行百二十五石となる。

元禄一三（一七〇〇）　四二歳　病床の光茂のため『古今伝授』一箱を持参して帰国。光茂死去。出家を願い出て許され剃髪《ていはつ》。佐賀北郊の黒土原に隠棲。
宝永　七（一七一〇）　五二歳　藩士田代陣基の初訪問を受け、『葉隠』の口述・記録はじまる。
娘お竹死去。
正徳　五（一七一五）　五七歳　養子権之丞（お竹の夫）死去。
享保　元（一七一六）　五八歳　『葉隠』脱稿。
享保　四（一七一九）　六一歳　死去。
享保　六（一七二一）　　　　　妻死去。

山本常朝の属する中野一門（常朝の父が山本家の養子となったため姓はちがう）は、戦国時代いらい、鍋島家の股肱《ここう》としてつくしてきた名門である。
祖父の中野神右衛門清明《きよあき》は、鍋島直茂に従って歴戦した勇将で、晩年は伊万里《いまり》代官として藩境を固める役割を果たした。父の山本神右衛門重澄《しげすみ》も島原の乱に参加して負傷した戦歴を持ち、有田皿山代官、楠久《くすく》牧奉行として窯業や牧畜業の振興につとめた人物であった。従兄弟の筋には加判家老、年寄役など藩政の中枢を占める人物がおり、叔父は小城藩

# 山本常朝系図

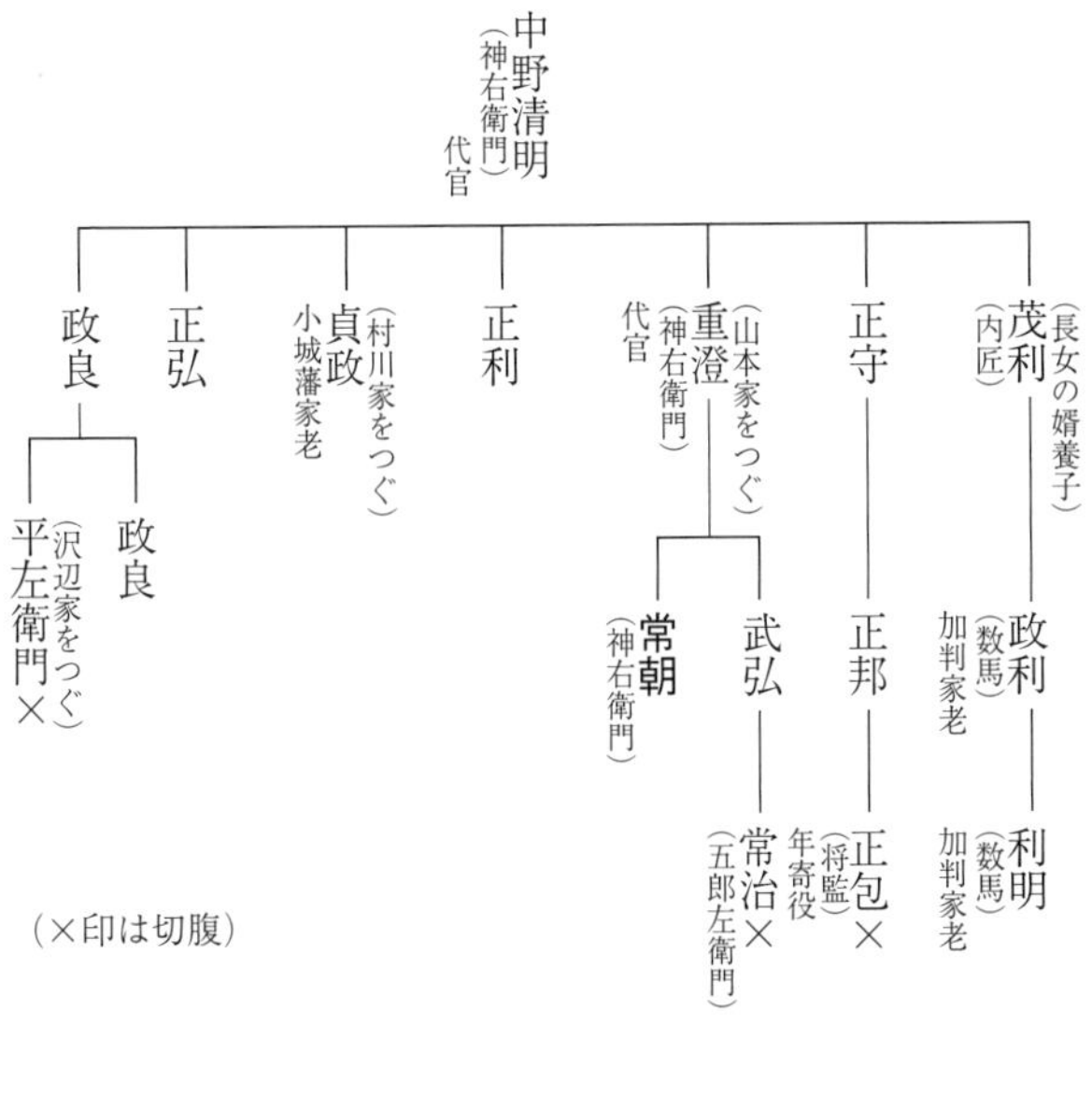
中野清明（神右衛門）代官
茂利（内匠）（長女の婿養子）
正守
重澄（神右衛門）代官（山本家をつぐ）
正利
貞政（村川家をつぐ）小城藩家老
正弘
政良
政利（数馬）加判家老
正邦
武弘
常朝（神右衛門）
政良
平左衛門×（沢辺家をつぐ）
利明（数馬）加判家老
正包×（将監）年寄役
常治×（五郎左衛門）
（×印は切腹）

の家老をつとめている。

こうした一門のなかで、山本常朝はきわめて特異な存在であった。というのは、彼は父が七十歳のとき生まれているのである。代官の任をおえ、佐賀に帰って隠居してからのことだ。さすがの神右衛門重澄もおもはゆかったものか、一時は常朝を人にくれてやろうとしたほどである。

しかし老境にはいってからの子がかわいくないはずはない。重澄は、この子に期待し、厳しい躾けをしている。長ずるに従って常朝は十分それに応えるだけの成長をし、一門のお歴歴も大きな期待を寄せていたようである。光茂の御側小僧、ついで小々姓として側近に仕え、元服した常朝自身ももちろん、大きな希望に胸をふくらませていたことであろう。

その常朝の心に、最初のかげりが生じたのは二十歳をすぎたばかりのことである。

少年時代から光茂の側近にあった彼は、光茂の若君〔綱茂〕からも目をかけられていた。ところが、常朝が和歌を好み、そのことで若君のところへ出入りしていることが、光茂の耳にはいったのである。もともと光茂自身も、若くして和歌を好んだ人である。それだけに光茂は、将来、藩主となるべきわが子が常朝を近づけて和歌に淫することを警戒したのであろう。それとも、自分をないがしろにしたとして一種の嫉妬を感じたのかもしれない。ともかく常朝は光茂の御側役をしばらく外されてしまうのである。

このいきさつについては、常朝自身の回想があるが、彼は悩み、一時は真剣に出家を考えている。

後年、常朝は、隠居してこんどははばかるところなく歌道にはげむ光茂のため、京都から『古今伝授』をもたらし、和歌の道でつくすことになるのだが、若いころになまじ詩の世界を知ったということは、官僚の出世コースという点だけから見ればマイナスであったろう。官僚には詩情は無用なのである。

彼は、青年時代の挫折のとき、湛然《たんねん》和尚から教えを受けるが、これも彼の生涯に大きな影響を与えている。湛然和尚は、鍋島家の菩提《ぼだい》寺《じ》である高伝寺の住職であったが、ある事件で光茂の仕打ちを憤って寺を去り、復帰の勧告を蹴って末寺に籠ったまま世を去った傑僧である。短い期間であったが、常朝はこの和尚によって仏道への目を開かせられたばかりでなく、反骨精神をも心に刻みこんだにちがいない。仏道と反骨、この二つもまた、官僚コースとは無縁のものである。

案じた一門有力者のとりなしもあって、彼はふたたび奉公の道に励む。だが、それにしても出世とはなにか？　すでに太平の世となって数十年が経過し、志よりも、行政技能にすぐれ、世渡りに巧みなものが幅をきかしている。若い藩士たちの話題は、もっぱら禄高のこと、暮らしのことである。これでよいのか？　彼の悩みはつづき、やがて、「志を果たすためにこそ出世しよう」と思いいたるのである。そして、ひたすら彼はマジメ人間の道をすすむ。

だが、やがては藩の執政をという願いをよそに、彼は藩主のそばに仕える内官に終始しているうち四十歳をこえ、光茂の死に遭う。常朝の忠誠心は、プラトニック・ラブのようなもので、相手というよりおのれの内なる心の燃焼といったほうがよいのだが、彼はそれに殉じ、主君死去の翌日、願い出て現役を去り出家する。そして草庵に隠棲すること十八年、そのまま世を去るのである。

彼の無常感がいつごろから形成されていったものかは明らかでないが、藩の重鎮である一門のなかに、不慮の死を遂げた者が多かったこともそれと無縁ではなかろう。二十四歳のとき、彼は賭博の罪で切腹した従兄弟沢辺平左衛門の介錯《かいしゃく》をしている。また二十九歳のときには、少年時代から兄事していた年長の甥にあたる山本五郎左衛門が失火の責任をとって自刃した。その翌々年には一門の長老で年寄役の中野将監正包《しょうげんまさかた》が支藩との紛争のあおりで切腹し、これも常朝が介錯しているのである。また晩年にいたって常朝は、娘にも婿にもつぎつぎと先立たれる。

ともあれ、こうした常朝の屈折した生涯と鬱屈した志とが、『葉隠』の底に流れていることを見落としてはなるまい。

さらに『葉隠』を理解するうえで、常朝の談話を筆記し整理した田代陣基《たしろつらもと》の存在も重要である。

田代陣基は常朝より十九歳年下で、若いときから文筆に長じ、十九歳のとき第三代藩主綱茂の祐筆《ゆうひつ》役となった。しかし三十二歳のとき、わけあって御側役を免ぜられるのである。その翌年（宝永七）、彼は黒土原の草庵に初めて山本常朝を訪ねている。

常朝はときに五十二歳、隠棲してすでに十年の月日が流れていた。その日は三月五日、陽暦に直すと四月三日である。おそらく桜は満開であったろう。山裾の草庵で二人はたちまち意気投合した。

この日、二人が詠み交わした句が残っている。

浮世から何里あらうか山桜　　古丸（山本常朝）
白雲や唯今《ただいま》花に尋《たず》ね合ひ　　期酔（田代陣基）

役を免ぜられた失意の青年にとって、常朝の一言一言は胸にしみこむものがあったろう。この日から七年間、彼は常朝の草庵に通いつめ、その談話を記録するのである。『葉隠』はこうして成った。

田代陣基は五十四歳のとき、ふたたび召されて第五代藩主宗茂の祐筆役となり、翌年、江戸詰、記録役を兼ね、やがて常朝に後れること二十九年、七十一歳で没した。

田代陣基が心身ともに挫折を知らぬエリート藩士のままであったなら、常朝の心の扉は開かれなかったことであろう。『葉隠』という名の由来はなんら記されていないが、栗原荒野翁によれば、「木の葉隠の草庵で語りつつ聴きつつした樹陰の聞書」の意であり、また世に問うたぐいのものでなく下積みの無私奉公を説いている心境を示すものではなかろうか、という。

# 序

# 武士道といふは、死ぬ事と見附けたり

武士道とは死ぬことであると見極めがついた。

どちらを選ぶかという場合には、死ぬ方に決めるだけのことである。別に面倒なことではない。覚悟して進むのである。

目的を遂げずに死ぬのは犬死だなどというのは、都《みやこ》ふうの思い上がった考え方だ。どんな場合にも必ず目的を遂げるというようにすることなど出来るはずがない。

だれであろうと生きるほうが好きなものだ。人はとかく好きなほうに理屈をつけがちである。だが、その結果、目的を遂げられずに生きているとしたら、腰抜けということになってしまうではないか。

ここが大事な瀬戸際なのだ。

目的を遂げられずに死んだとしても、犬死だ、気違い沙汰だといわれこそすれ、いささかも恥ではない。これが、真の武士道を弁《わきま》えた男子である。

朝に晩に、この覚悟を新たにして、いつも死ぬ気でいれば、武士道が身について、足を踏みはずすことのない生涯をおくり、奉公しおおせるのである。

——原著「聞書第一」の冒頭部分におかれ、目玉とされる項目である。

だが常朝は「死」を美化しそれを礼讃しているのではない。「死」願望でもないのだ。

このことばはいまや「独り歩き」してしまっているが、常朝がこう語った心境と背景を考えることによって、このことばだけでなく、より深く『葉隠』を理解できるのである。

常朝が生まれたのは、関ケ原の役で勝利した徳川家康が江戸幕府を開いてから半世紀以上を経ている。「戦士」としての武士の役割は失われ、「死」も非日常的なものとなっていた。幕藩《ばくはん》体制がしだいに整うにつれ、武士の気風も一変した。泰平を謳歌《おうか》する元禄《げんろく》時代は常朝三十代のときである。常朝は「若侍たちの対話でも金銭、損得、衣服、色欲などの話題ばかりになってしまった」と歎いている。打算、才知、要領……こうした風潮の横行にたいする常朝の歎きと反骨の精神が「武士道とは」の一言になったとしても不思議ではない。

「死」そのものではなく、むしろ、このことばの最後にあるように、日夜、「死身になって」こそ「一生落度なく　家職を仕果《しおお》す」ことができるとしているのだ。

泰平のなかで欠落した覚悟、常朝はそれを強調したのである。
ここで注目されるのは、常朝はこうした時代の風潮を歎く一方で、時代の変化は止められるものではなく、「昔風」を懐かしむばかりであってはならないともいっていることだ。（二五四頁参照）
『葉隠』を論理的に読もうとするならば、矛盾点をあげることは容易である。しかし、生きるとは所詮《しょせん》、矛盾に満ちたものである。矛盾のない回想など、わたしには信用できない。
常朝は七年間、気を許した「後生《こうせい》」にむかって、折にふれては、その思いをそのまま口にしたのである。

古典の読みかたにはいろいろある。研究、知識の対象として扱う場合ではなく、自分の人生に重ね合わせて読もうという場合、わたしはできるだけ「翻訳」して読むようにしている。ただし、これはことばの翻訳ではなく、原著がどんな時代、背景、立場、心境で書かれたかに思いを馳せ、語法の差も踏まえ、言外の言を読みとろうと試みるという意味である（念のためお断りしておくが、本書の現代語訳部分はそこまで踏み込んではいない。

それは越権行為である。わたしは読者各位がそれぞれの読み方をされるようお手伝いをするだけである）。

常朝がこの激烈なことばで言おうとしたのは、人間の持つべき「志」ということだったに違いない、といまにしてわたしは思う。志は普段は表面には出ない。心の核である。たとえばマグマであり、エネルギーの源だ。

平和、安定、便利、快適などは結構なことだが、それがつづくと人は馴れ安住して「志」を失う。心の芯がないから、何か事があると揺れる。いや、他人事ではない、自分自身のことである。

で『葉隠』となるのだが、懦夫《だふ》（いくじなし）の身としては文字どおり「死ぬこと」ではついてゆけない。しかし「志」なら、眠ってはいるものの自分なりに持っている。一寸の虫にも五分の魂である。遠く古代中国の『孟子』にも「懦夫も志を立つるあり」とあるではないか。志をもたない「偉い人」よりも、小さくとも自分なりに、自分の志を持った無名人でありたい。

＊

この章は後段でもうひとつ、興味ある問題をなげかける。「狂」についてである。

常朝は、「目的も果せず死んでしまうのは犬死であり、気違い沙汰だ」という常識に挑戦して、「命をかけたのだから、犬死、気違いといわれることは恥ではない」という。そして「狂気」を称揚している。打算と功利性がはばをきかす風潮に警告を発するのだ。『葉隠』は「狂」こそ「強靱な志」の表現だとするのである。

よって『新篇葉隠』は第一章「狂気の哲学」から始めよう。

武士道といふは、死ぬ事と見附けたり。二つ二つの場にて、早く死ぬ方に片附くばかりなり。別に仔細《しさい》なし。胸すわって進むなり。図に当らぬは犬死などといふ事は、上方風の打上《うちあが》りたる武道なるべし。二つ二つの場にて図に当るやうにする事は及ばざる事なり。我人《われひと》、生くる方が好きなり。多分好きの方に理が附くべし。若《も》し図にはづれて生きたらば腰抜けなり。この堺《さかい》危きなり。図にはづれて死にたらば、犬死気違《きちがい》なり。恥にはならず。これが武道に丈夫《じょうぶ》なり。毎朝毎夕、改めては死に、改めては死に、常住《じょうじゅう》死身なりて居る時は、武道に自由を得、一生落度なく、家職を仕果《おお》すべきなり。

（聞書第一）

# 一　狂気の哲学

体制が整い、秩序が確立されはじめた時代には、常識や計算が必要とされ、そうした人物が主流を占める。だが、これは山本常朝にとって我慢のならぬことであった。そこで『葉隠』には激烈な狂気礼讃のことばが登場する。

体制への献身を説く書でありながら、『葉隠』が体制派から危険思想視されたのはこのためである。

# 正気では大仕事はできない

「武士道とは死物狂いになるということである。たとえ数十人でとりかこんでも、死物狂いになっている一人を討つことはむずかしい」

と、藩祖直茂《なおしげ》公はいわれた。

正気では大仕事はできない。大仕事をするには、気違いになり、死物狂いでぶつかることである。

また、武士道の心得といっても、あれこれ考えるようになれば、ためらう気持がおきる。忠も孝も考える必要はないのだ。武士道においては、死物狂いになるだけである。そうすれば、おのずと忠孝にもかなうようになるはずである。

○数十人でとりかこんでも……むずかしい――中国の兵法書『呉子』にこうある。「一死賊《しぞく》ヲシテ曠野《こうや》ニ伏セシメバ千人コレヲ追ウモ梟視狼顧《きょうしろうこ》セザルナカラン」（一人の死物狂いの賊が広野に逃げこめば、千人が追っても追うほうがビクビクせざるを得ない）。さらにまた、こうもいう。

「一人命ヲ投ゼバ千夫ヲ懼《おそ》レシムルニ足ラン」（命がけになれば一人でも千人を恐れさせるに足る）。

○藩祖直茂――鍋島直茂（一五三八～一六一八）。初め龍造寺氏の臣であったが、その衰亡とともに実権を握り、平和的に政権を継承し、北九州に重きをなした。関ケ原の役でわが子勝茂が家康に背《そむ》いて西軍につき、とりつぶしの危機にさらされたが、家康の命で筑後柳河《ちくごやながわ》の立花宗茂《たちばなむねしげ》を攻めて勝ち、旧領三十五万七千石を保つことができた。家康より四歳年長。

「武士道は死狂ひなり、一人の殺害を数十人して仕かぬるもの」と直茂公仰せられ候。本気にては大業はならず、気違ひになりて死狂ひするまでなり。また武士道において分別出来れば、早後《おく》るるなり。忠も孝も入らず、武道においては死狂ひなり。この内に忠孝はおのづから籠《こも》るべし。（聞書第一）

# 分別《ふんべつ》は迷いのもと

安芸殿〔鍋島安芸守茂賢《しげまさ》、鍋島家の姻戚〕は、

「戦場に臨むと、あれこれ分別《ふんべつ》が浮かんで、とめどもなくなるものである。なまじ分別がおきると、思いきってふんぎることができなくなる。無分別ということが、いざというとき大切な心がまえなのだ。兵法も同様である。なまじそのようなものをならっていると、迷いばかり多くなり、容易に判断がつかなくなる。わが子孫には兵法の稽古などけっしてさせぬこと」

といわれたそうである。

安芸殿、子孫軍法承《うけたまわ》らざる様にと申され候事　「戦場に臨みては、分別が出来て、何とも止められぬものなり。分別ありては突破る事ならず、無分別が虎口前の肝要なり。それに軍法などを聞込みて居たらば、疑ひ多くなり、なかなか埒《らち》明くまじく候。我が子孫軍法稽古仕《つかまつ》るまじく」と申され候《そうろう》由《よし》。

（聞書第十一）

# 知識人のごまかし

計算高い者は臆病になりがちである。なぜなら、計算とは損得を考えることだから、計算高い者はたえず損得ということが頭から離れない。死は損であり、生は得である。死ぬことはいやだから、卑劣なふるまいをしてでも避けようとするのである。

また、知識人という者は、才知や弁舌で、自分の臆病な気持や欲深い心をごまかそうとするものだ。それを見誤ってはならない。

勘定者はすくたるる者なり。仔細は、勘定は損得の考へするものなれば、常に損得の心絶えざるなり。死は損、生は得なれば、死ぬる事をすかぬ故、すくたるるものなり。また学問者は才知・弁口にて、本体の臆病・欲心などを仕かくすものなり。人の見誤る所なり。

（聞書第一）

# 気違いにならねば戦えぬ

恵芳《えほう》和尚《おしょう》〔鍋島家菩提寺、高伝寺の住持〕の話によると、安芸殿は、「戦いは気違いにならなければできないもの」といわれたそうである。

これは不思議と私の覚悟にもぴったりだと思い、その後、ますます気違いをとおすことにしたのである。

恵芳和尚話に、安芸殿物語に、武辺は気違いにならねばされぬものなりと、御申し候由。我等覚悟に合ひ候儀不思議に存じ、その後いよいよ気違に極め候となり。

（聞書第二）

## 死して悪鬼たらん

不意に首を打ち落とされても、なおひと働きは確実にできるはずである。足利氏《あしかが》と戦って自刃した新田義貞《にったよしさだ》の最期《さいご》がその証拠である。心のはりを失ったならば、義貞はそのまま倒れてしまったところであろう。

近い例では大坂落城のさいの大野道賢《おおのどうけん》の働きがある。

「なんとしても」という気持がこりかたまって、「一念」となる。武勇に徹し、死んで怨霊《おんりょう》悪鬼《あっき》になろうと大悪心を起こしたならば、首が落ちようとも、すぐには死なぬはずだ。

○新田義貞の最期――流れ矢に当たった義貞は、いまはこれまでと自ら首をかき切り、その首を泥中にかくし、その上に横たわったと『太平記』は記している。

○大野道賢の働き――豊臣秀頼《とよとみひでより》に仕えていた大野道賢は大坂落城で捕われ、家康を面罵《めんば》して火あぶりとなったが、黒焼きになったあと、検使にとびかかり、その脇差を抜きとって刺殺し、たちまち灰になったという（聞書第十）。

――これらの逸話を文字どおり受けとって史実を穿鑿《せんさく》するのが無意味だということは、いうまでもない。常朝は「狂」の一念を強調しているのである。

出し抜きに首打落《うちおと》されても、一働きはしかと成るはずに候。義貞《よしさだ》の最期《さいご》証拠なり。心かひなく候て、そのまま打倒ると相見へ候。大野道賢《おおのどうけん》が働きなどは近き事なり。これは何かする事と思ふぞ唯一念なる。武勇のため、怨霊悪鬼《おんりょうあっき》とならんと大悪念を起したらば、首の落ちたるとて、死ぬはずにてはなし。（聞書第二）

# 手を切られたら口でかみつけ

大木前兵部《おおきぜんひょうぶ》〔鍋島直茂、勝茂に仕えた歴戦の勇士で藩創業の臣〕は、組の集まりのとき、用件がおわってからの雑談などで、いつもこういっていたという。

「若い者は堅くよくよく心がけて勇気を身につけなければならない。勇気は、その気にさえなれば出てくるものだ。刀が折れたら手で戦い、手を切り落とされたら肩で押し倒し、肩を切り離されたら口でかみつけ。それでも敵の首の十や十五は食い切ることができるものだ」

○組――藩の軍団組織を「組」という。すなわち、士卒を各組に編成し、大組頭〔寄親《よりおや》〕の下に団結をはかり、平素から相互扶助を行なうなど共同体の性格をもっていた。

大木前兵部勇気勧めの事　兵部組中参会の時、諸用済みてよりの話に、「若き衆は随分心掛け、勇気お嗜《たしな》み候へ。勇気は心さへ付くれば成る事にて候。刀を打折れば手にて仕合ひ、手を切落さるれば肩節にて、ほぐり倒し、肩切離さるれば、口にて、首の十や十五は、食切り申すべく候」と、毎度申され候由。

（聞書第七）

# 仇討ち女房

――当時の気風の一端がうかがえるものに「喧嘩《けんか》」がある。「狂気の哲学」を生んだ土壌を知る参考として、こんなすさまじい喧嘩の記録もある。

鍋島十太夫〔松浦鍋島家〕の家来に黒川小右衛門という者がいた。女房は、山城殿〔第一代藩主鍋島勝茂の四男、直弘〕の家来、蒲原《かもはら》喜兵衛の娘である。

小右衛門の扶持《ふち》は三石で、芦原《あしはら》〔現在、佐賀県北方町〕に住み、世間知らずの暮らしをしていた。

隣には同じく十太夫の家来で、徳永三左衛門という者が住んでいた。三左衛門は財産家であった。

さて、八月十五日のこと、その日は黒川小右衛門の女房の実家、大町〔現在、佐賀県大町町〕の祭礼であった。小右衛門夫婦はともども女房の実家を訪ねようと思い立った。しかし、実家からかねて蚊帳《かや》を借りており、それを隣家の徳永三左衛門方へ借金のかたに質入れしてあったのである。祭礼で女房の実家には客人もあることだろうから、その蚊帳を持っていきたいと思い、小右衛門は三左衛門を訪ねて頼みこんだ。

「あの蚊帳を二、三日お借り申したい」

ところが、三左衛門は承知しないばかりか、悪口を並べたてた。

「度重なる借金を少しも返さず、そのうえ、質物を返せとは、虫がいいにも程がある。今後、家には出入りしないでもらいたい。もしやってきたら打ち殺されても文句はないと、誓約書を書け」

小右衛門は、こうなっては退くに退けぬと決心し、誓約書を書いて家にもどった。

そして、女房の実家の訪問をとりやめ、八月二十七日までかかってひそかに身のまわりをかたづけた。二十八日、新米の餅をつき、夜になってそれを二人の子どもの枕もとに並べ、女房にも黙って三左衛門の家へいった。小右衛門は窓の外から恨みをぶちまけてどなった。

「打ち果たしてやるから出てまいれ」

だが、戸は締められたままで答もない。

じつは三左衛門は、その窓ぎわの部屋にいたのである。そして、娘のお七を与左衛門という弟のところに走らせてわけを話したので、与左衛門が表にまわって、うしろから小右衛門に切りつけた。頭を傷つけられた小右衛門はふりかえり、与左衛門と切り合いになった。しばらく切り合っているうち、与左衛門が落ちていた藁束《わらたば》に足をとられて倒れた。同時に小右衛門も倒れたが、寝たまま刀をふったところ、与左衛門の腹にあたって切り裂いた。

やがて二人とも起き上がり、切り合いをつづけた。与左衛門はしだいに押され気味となった。だが、道に出て、なおしばらく切り結んでいるうちに形勢は逆転し、黒川小右衛門はついに切り殺されてしまった。

そこへ近所の新介という者が駆けつけ、与左衛門を肩にかついで家につれもどった。

さて、小右衛門の女房は、ようやくこの騒ぎに気づき、鎌を手にして飛び出してきたが、そのときすでに小右衛門は息絶えていた。女房は鎌を地面にたたきつけて歯ぎしりした。そして、とっさに小右衛門の死体から脇差をつかみとり、三左衛門宅にむかって叫んだ。だが、三左衛門は姿を見せず、家の中にひそんだまま窓の外にむかって長刀《なぎなた》をつきだしてきた。

小右衛門の女房は、その長刀にとりすがって引っぱった。そのはずみで窓がこわれた。女房はそこから部屋にとびこんで三左衛門をめったやたらに切りつけた。だが、そこへ、下僕たちが助け太刀に出てきて、ついに女房は切り殺されたのであった。

与左衛門は傷が悪化して九月一日に死に、三左衛門も同四日、切腹した。遺骸はいずれも光明寺に納められたという。

鍋島十太夫家来、黒川小右衛門女房討返しの事　小右衛門女房は山城殿家来蒲原《かもはら》喜兵衛娘にて候。小右衛門身上三石にて、うひうひしき体にて、芦原に居り申し候。隣に徳永三左衛門と申す者居り申し候。三左衛門、十太夫家老分にて、有徳の者なり。八月十五日喜兵衛宅大町にて祭礼故《ゆえ》、小右衛門女夫《めおと》供日《くにちまい》参り存立ち候処に、喜兵衛より蚊帳を借り置き候を三左衛門へ質に遺はし置き申し候。供日参りに客人も候間《あいだ》持越し申したく存じ、三左衛門所へ参り、「一三日借り申したし」と申し候。三左衛門合点仕《つかまつ》らず、あまつさへ悪口など仕り、「数多《あまた》の借銀少しも相払はず、その上質物を返し候様にと申す儀、理不尽の儀に候。以来こなた出入仕るまじく候。もし参り候はば打捨て候様に手形仕り候へ」と申し候。小右衛門もはや遁《のが》れぬ所と覚悟し、則ち手形判形いたし罷《まかり》帰り候。

右の通り相はまり申し候に付て、供日参りも仕らず、八月二十七日までに、諸事を潜《ひそ》かに取仕舞ひ、二十八日に田の初穂の餅をつき、夜に入り、子供二人の枕元に並べ置き、女房にも知らせず、三左衛門所へ行き窓より右の意趣《いしゅ》を申達し、「打果し申すべく候間、出合ひ候様に」と呼ばり候へども、内より戸を締め、答へ申さず候。三左衛門は窓小屋に居り申し候。

弟与左衛門と申す者へ娘お七を遣《つか》はし、右の段申し知らせ候に付て、与左衛門表に廻り、後より小右衛門を切付け候へば、頭《かしら》を打つへづり申し候。小右衛門振返り、暫《しば》し切合ひ候処、与左衛門藁《わら》に足をまとはれ、倒れ申し候。小右衛門も同じく倒れ申し候が、寝ながら払ひ候へば、与左衛門腹を切破り申し候。両人ともに起上り、またまた切合ひ申し、与左衛門次第に引色に成り、外に出で申し候て、暫く切りむすび、小右衛門遂《つい》に切殺され申し候。近所の新介と申す者駆付け、与左衛門を肩に懸《か》け帰り申し候。

小右衛門女房聞付け、鎌を持ち駆出で、小右衛門死骸を見、鎌をたたき、無念なりと歯嚙《はがみ》致し、小右衛門脇差《わきざし》を取り、三左衛門所の窓に立ちかかり、声をかけ候へども、出合ひ申さず、内より長刀《なぎなた》にて切払ひ申し候。小右衛門女房長刀に取付き、引合ひ申し候処に、窓崩れ申し候。則ち内に駆入り、三左衛門に数多手負はせ申し候。その時下人ども出合ひ、女房を切殺し申し候。

与左衛門は朔日に相果て、三左衛門は同四日に切腹仕り候。いづれも光明寺に納め申し候由なり。義柱師話なり。（聞書第八）

## 「死ぬことをお忘れか」

高木某という者が、近所の百姓三人を相手に口論し、田の中で打ちのめされて帰ってきた。女房がいうには、

「お前さまは死ぬことをお忘れではありませぬか」

「いや、忘れたことなどない」

某が答えたところ、女房は、

「人は一度は死ぬものでございます。病死、切死、切腹、しばり首と、死に方にはいろいろありましょうが、見苦しい死に方をなされたのでは無念でございます」

といいすてて外へ出ていった。やがて帰ってきた女房は、夜にはいって二人の子どもを寝かせつけると、松明《たいまつ》を用意し、身仕度を整えた。

「さっき見にいってきましたが、三人がひとところに集まって相談しているようすでした。そろそろよいころあいと思います。さあ、お出かけを」

女房は夫をうながして先に立てた。夫婦はともども脇差を手にして踏みこみ、三人に切

りかかった。そして二人まで切り倒したが、一人は手傷を負って逃げおおせたという。その後、夫は切腹をおおせつけられたという。

高木何某討果し候時女房働きの事　高木何某、近所の百姓三人相手にて口論仕出し、田の中にて打ちひしがれ罷《まかり》帰り候。女房申し候は、「お手前は死ぬ事をお忘れ候ては御座なく候や」と申し候に付て、かつて忘れ申さざる由申し候。女房申し候は、「いづれ人は一度死に申すものに候。病死・切死・切腹・縛首さまざまこれある内に、見苦しき死をめされては無念の事に候」と申し捨て外へ出で、追付罷り帰り、子供両人これあり候を、よく寝させ候て、明松をこしらへ、暮過ぎに身拵《みぞろ》へいたし、「先程見繕《つくろ》ひ候処、三人一所に集り、詮議《せんぎ》致す様子に候。よき時分に候。即ちお出で候へ」と夫を先に立て、明松をとぼし、脇差をさし、相手の所へ踏みかけ、夫婦にて切立て、両人切伏せ一人手を負はせ追散らし申し候由。夫は切腹仰付《おおせつ》けられ候由なり、了伯話。（聞書第九）

# 公儀相手に一合戦の覚悟

——『葉隠』には、しばしばはげしい女性が登場する。

寛永十四、五年（一六三七、八）、島原の乱にさいして、第一代藩主鍋島勝茂は藩士をひきいて出陣し、軍功を立てたが、軍令に背《そむ》いて単独行動をとったかどで幕府から問責され、取りつぶしの危機にさらされた。結局、半年間の閉門で落着したが、これは、その処罰がきまる直前の挿話である。

鍋島勝茂公は幕府からの閉門を命ぜられるまえ、佐賀から江戸に出府された。江戸の中《なか》屋敷《やしき》〔御成橋内にあった〕で一同が出むかえたときのことである。ご長男元茂様の奥様はこう申された。

「御遠島をおおせつけられるかもしれないと取沙汰されておりますので、みなで相談いたしました。いざというときは、六カ所の江戸屋敷に火を放ち、全員討死の覚悟でございますから、あとあとのことはご心配なく、いさぎよく公儀の判決をお受けなさいますように」

つぎの間には、あるかぎりの武具が並べられていたという。

○鍋島勝茂（一五八〇～一六五七）――藩祖直茂の嫡男、織田信長の全盛期ごろ生まれ、十八歳のとき父直茂とともに朝鮮に出陣、二十八歳で封を継ぎ第一代藩主となった（鍋島家では直茂を藩祖、勝茂を第一代藩主と称する）。徳川初期に藩体制の基礎を固め、参勤交代制の実施など幕府の大名締めつけが厳しくなるなかを生きぬいて鍋島藩を揺るぎないものとした。

○鍋島元茂（一六〇二～一六五四）――勝茂の長子。庶出なので本藩を継がず、後に分家して小城支藩を創設、七万三千石を分知された。少年のころから人質として江戸に上り、柳生宗矩《やぎゅうむねのり》に剣を学んだ。

御閉門前方《まえかた》御着府の節、中屋敷へ御着成され候へば、月堂様の御内方様お出会、「御遠島の取沙汰に付皆々申合ひ、その節は六ケ所屋敷に火を懸け、残らず切死仕る覚悟に候間、跡の儀お心遣いなく、公儀にて潔く仰達せられ候様に」と御申し候。次の間には、武具ことごとく取出し候由。助右衛門殿話なり。

（聞書第四）

## 赤穂義士批判

――赤穂浪士の討入りが天下を震撼《しんかん》させたとき、山本常朝は四十四歳であった。やがて事件から二カ月あまりたち、浪士たちの処分がきまって切腹したとの知らせが佐賀にももたらされる。これを耳にした常朝は、田代陣基を相手に独特な義士批判を行なうのであった。

喧嘩の仕返しをしなかったので、卑怯者といわれて恥をかいた者がいる。仕返しのやり方は、切り殺されるつもりで踏み込むということにつきる。この決心でぶつかれば恥をかくようなことにはならない。ところが、なんとか勝たなければなどと思うから、中途半端になってしまうのである。相手方は大ぜいだからなどといって時機を失し、最後には、やめようではないかということになってしまうことが多いものだ。相手が何千人であろうが、かたっぱしから撫で切りにするぞと心にきめて立ち向かってゆく。それでこそ志が果たせるのである。そうすれば、きっと成功する。

さて、浅野家浪人の夜討ちも、引き揚げてから泉岳寺《せんがくじ》ですぐ腹を切らなかったのは失敗である。そもそも、主人を死なせてから、仇を討つまでに時がかかりすぎた。もし、そのあいだに吉良殿が病死してしまったら、どうにも無念な結果に終わったであろう。上方《かみがた》の人間は小才がきくから、ほめられるようなやり方をするのはうまいが、わが藩士の長崎喧嘩のように無分別なことはできないようだ。

時間がかかりすぎたといえば、むかしの曾我《そが》兄弟の仇討ちもそうである。めざす仇をさがすため陣幕の紋を見てまわったとき、十郎祐成《すけなり》が思わぬ失敗をしたのは不運であった。このときの五郎の言い方はみごとであった。

義士たちについて、こうした批判はすべきではないかもしれぬが、武士道というものをとっくりと考えるために、あえていうのである。平生から考えておかなければ、事に当たって判断を誤り、恥辱を受けるのである。

人の話を聞いたり、関係の本を読んだりするのも、平生から覚悟しておくためである。いつどんなことが起こるかわからないと思い、日夜、原則をたて、考えを練っておく。それが武士道である。

勝負は時の運である。そんなものに左右されず、死を覚悟して敵に当たるまでのことである。それでこそ恥辱を受けずにすむ。もし時の運で負けたならば、仕返しをすればよい。これには、知恵も腕前も必要ないのだ。曲者《くせもの》といわれるほどの人間は、勝敗など考えず、しゃにむに死物狂いでぶつかる。それでこそ、いっさいがふっきれるのである。

○長崎喧嘩――赤穂浪士討入りの約三年前、世を騒がせた事件。元禄十二年（一六九九）十二月、佐賀藩家老鍋島茂久の家来、深堀三右衛門と志波原武右衛門の両名は、長崎の街を通行中、長崎町年寄役高木彦右衛門の中間《ちゅうげん》惣内に、雪どけの泥をかけたとして罵《ののし》られ、これを蹴倒した。惣内はこれを恨み、その夜、高木の家来十名とともに深堀の屋敷を襲って両名を袋叩きにした。深堀、志波原の両名は、急を聞いて駆けつけた鍋島藩士ら十名とともに仕返しのため高木家に乱入して、高木彦右衛門、惣内その他多数を切り殺し、火の始末をしたのち、その場で切腹した。この事件が江戸に聞こえ、応援の鍋島藩士十名は切腹、さらにあとから駆けつけた者も遠島処分を受けた。

○曲者――『葉隠』には、賞賛されるべき典型として、しばしば、「曲者」が登場する。もちろん、「あやしい者」ではなく、「勇者」の意味である。しかし、ただの勇者ではなく、ひとくせある個性的な人物をさしているのだ。善にも強く悪にも強い強烈な存在である。この意味を的確に表わす現代語はないので、以下、訳文にも原則としてそのまま「曲者」を用いる。

何某、喧嘩打返しをせぬ故《ゆえ》恥になりたり。打返しの仕様は、踏懸けて切殺さるるまでなり。これにて恥にならぬなり。仕果《しおお》すべしと思ふ故《ゆえ》、間に合はず。向は大勢などと云ひて時を移し、しまり止《や》めになる相談に極るなり。相手何千人もあれ、片端より撫切《なできり》と思ひ定めて、立向ふまでにて成就なり。多分仕済ますものなり。

また浅野殿浪人夜討も、泉岳寺にて腹切らぬが落度なり。また主を討たせて、敵を討つ事延び延びなり。もし、その内に吉良殿病死の時は残念千万なり。上方衆は知恵かしこき故、褒《ほ》めらるる仕様は上手なれども、長崎喧嘩の様に無分別にする事はならぬなり。また曾我殿夜討もことの外の延引《えんにん》、幕の紋見物の時、祐成《すけなり》図をはづしたり。不運の事なり。五郎中様見事なり。

総じて斯様の批判はせぬものなれども、これも武道の吟味《ぎんみ》なれば申すなり。前方《まえかた》に吟味して置かねば、行当りて分別出来合はぬ故、大かた恥になり候。話を聞覚え、物の本を見るも、かねての覚悟のためなり。

なかんづく、武道は今日の事も知らずと思ひて、日々夜々に箇条を立てて吟味すべき事なり。時の行掛りにて勝負はあるべし。恥をかかぬ仕様は別なり。死ぬまでなり。その場に叶《かな》はずば打返しなり。これには知恵も業《わざ》も入らぬなり。曲者といふは勝負を考へず、無二無三に死狂ひするばかりなり。これにて夢覚むるなり。（聞書第一）

# 切られた首を自分で支える

鍋島左太夫〔鍋島家の遠縁〕の家来に道白《どうはく》という者がおり、黒土原《くろつちばる》〔常朝が隠棲していた村落〕に住んでいた。せがれは五郎兵衛《ごろべえ》という。

あるとき、五郎兵衛が稲を荷《に》なって歩いていたところ、むこうから神代《くましろ》左京殿〔鍋島勝茂の六男、神代家をついで川久保邑主〕の家来で、いまは浪人をしている岩村久内という者が通りかかった。かねて遺恨があったので、五郎兵衛は岩村久内に稲をぶつけて口論をしかけたあげく、ぶちのめして堀につきおとし、そのまま帰宅した。岩村久内は、おぼえておれといって家に帰り、兄の源右衛門にわけを話し、兄弟で五郎兵衛のところへ仕返しに出むいた。

五郎兵衛は、戸を細目にあけ、抜き身の刀を手にして待っていた。そうとは知らずに、まず兄源右衛門がはいろうとしたところ、横ばらいに切られて深手をおい、刀を杖にして戸の外に立ちすくんだ。その瞬間、岩村久内が家の中にかけこんで、いろりばたにいた道白の聟《むこ》で勝右衛門という者に切りつけた。刀は自在《じざい》かぎにあたり、勝右衛門の顔半分を切

り割った。道白夫婦が、久内の刀をもぎとった。だが、久内が、
「もはや望みを達しました。兄をつれて帰りますから、刀をお返しください」
と、しきりにいうので、道白は刀を渡した。すると久内は刀を受けとるや否や、道白に切りつけ、背と首筋深く傷を負わせた。そして五郎兵衛と切り合いになり、外に出て、しばらく勝負がつかなかったが、やがて五郎兵衛は腕を切り落とされた。久内も数カ所の傷を負い、兄源右衛門を肩にかけて引き揚げたが、途中で源右衛門は息絶えた。

一方、五郎兵衛は血どめなどの処置をしたが、水を呑んだので結局は死んだ。道白の女房も指を切られた。

道白は、首の骨を断ち切られ、のどの皮が残るだけで首がまえにさがってしまった。道白は、その首を自分の両手で押し上げ、外科医にいって、あごに練りぐすりをつけてもらった。そして傷を縫い、麻で首をぐるぐるまきにし、それを縄で結んで梁《はり》につり、からだ全体を米で埋めて動かないようにして養生した。やがてしばらくすると骨がくっつき、完全になおったのである。

道白はその間、終始おちついていて、ふだんと変わったところがなく人参の薬湯《やくとう》なども服用しなかった。ただ、三日目に出血したときだけ独参湯《どくじんとう》〔強壮剤〕を少し用いたという。

この岩村久内という男は、かつて親の久兵衛と大黒舞《だいこくまい》（正月、大黒の姿をして唄い舞いながら家々を回わる習慣）をしたとき、拍子方、舞い方の拍子のことで議論し、そのあげく刀を抜いて親の頭に切りつけた。そのため浪人させられていたのだという（この喧嘩の次第は、私がそのとき行き合わせた者の話を直接聞き、記録したのである）。

鍋島左太夫家来道白《どうはく》手疵の事　道白は黒土原《くろつちばる》に居り申し候。倅《せがれ》は五郎兵衛と申し候。ある時、五郎兵衛稲を荷ひ通り候処、向ふより神代《くましろ》左京殿浪人岩村久内と申す者参り懸《かか》り申し候。前方《まえかた》に遺恨これありて、久内へ稲を突きかけ口論仕かけ、久内を打擲《ちょうちゃく》致し堀に突込み候て、五郎兵衛は罷《まかり》帰り候。

久内言葉を残し宿に帰り、兄源右衛門へ申聞け、兄弟連に五郎兵衛所に討返しに参り候処、戸をほそめに開け、五郎兵衛抜身を持ち、待ち居り候を存ぜず候て、源右衛門入り候を横に払ひ申し候に付て、深手にて刀を杖に突き外に立ち居り申し候。その時久内駆入り、道白が聟《むこ》勝右衛門と申す者、囲炉裏端に居り申し候を切り候へば、自在に当り、勝右衛門が顔半分切り割り申し候。道白女夫《めおと》にて、久内が刀をもぎ取り申し候。

その時久内申し候は、「最早《もはや》本望遂げ申し候。兄を召連れ帰り申すべく候間《あいだ》、刀をお渡し候様に」と、色々断り申し候に付相渡し候へば、刀を取り、道白が背を一ケ所、首半分切り候。それより五郎兵衛と切合ひ、外へ出で、暫《しばら》く勝負これなく候処、五郎兵衛腕を切落し申し候。それにて久内も数ケ所手負ひ、兄源右衛門を肩にかけ帰り候処、道にて源右衛門は相果て候。五郎兵衛血留など仕り候処、水をたべ申し候に付て、相果て申し候。数ケ所の手疵にて候。

道白が女房も指を切られ申し候。道白手疵は首の骨切落し、咽ばかり残り候て、首は前にさがり申し候。道白、自身の手にて首を押上げ、外科に参り候て、まづ腮《あご》にくすねを付け、それに苧《からむし》をかけ、上に縄を付け梁に釣り、疵を縫ひ、総身を米にて埋め、動き申さざる様に致し、療治仕り候。後には骨つき、別条なく癒へ申し候。道白事終に気分を取失ひ申さず、始終平生に替り申したる儀これなく、人参も呑み申さず候。三日目に血走り申し候節、独参湯少し用ひ候までの由。

右岩村は、親久兵衛と大黒舞を仕り、拍子方・舞方の拍子の論にて、久兵衛頭を切り申し候。それにて浪人の由なり（右喧嘩の一通り、その節参り合はせ候者の話、直に承り、書き入れ申し候なり）。

（聞書第八）

## 七度繰り返した諫言《かんげん》

「主君に意見をすれば、いっそう意固地になられ、かえって害になるから、意見などせずに、無理なことをいわれても承知すべきだ」などというのは、みな事なかれの言いわけにすぎない。

一命を捨てて申し上げれば、聞き分けていただけるものである。中途半端に申し上げるから、ご機嫌を損じ、言い出す途中でさえぎられ、そのまま引き下ってしまうことになるのである。世間はこんな連中ばかりなのだ。

先年、家老の相良求馬《さがらきゅうま》が殿のご機嫌を損じたことがある。強くご意見をしたため殿は立腹され、切腹を命ぜられた。生野織部、山崎蔵人の両名が主命で求馬の屋敷を訪れ、その旨を伝えたところ、求馬は、

「望むところじゃ。しかしながら、もう一つ申し上げ残したことがあり、死後まで念が残

り申す。お手前方、年来のよしみで、このことを申し上げてくだされ」

といって、さらに殿へのご意見を述べた。両名はそのままそれを殿のお耳にいれた。その内容は、ますます殿の怒りをかうようなことであったそうだが、

「求馬の切腹は待つように」

とお許しが出て、求馬の諫言は聞きとどけられたのである。

また、同じく家老の中野数馬が第三代綱茂公の年寄役となってからのこと、羽室《はむろ》清左衛門、大隈《おおすみ》五太夫、江副《えぞえ》甚兵衛、石井源左衛門、石井八郎左衛門らの藩士が殿の意にそむいたため、切腹を申し渡された。そのとき、中野数馬が御前にまかり出て、

「この者たちはお助けくださるように」

と申し上げた。綱茂公は立腹され、

「詮議《せんぎ》をつくしたあげく切腹を申しつけたのじゃ。助けねばならぬ道理があって申すことなのか」

といわれた。数馬はこれを聞いて、

「道理などございません」

と申し上げた。道理もないのに助けよというのはけしからぬ、と叱られて退出したが、

すぐまたまかり出て、

「この者たちは、なにとぞお助けくださるように」

と申し上げた。先刻のとおり、またまた叱られたので退出したが、つづいてまたまかり出た。こうして同じことを繰り返すこと七度、綱茂公もついに、

「道理はないが、七度までもいうのだから、助ける機会かもしれぬ」

と思い直し、お助けになった。

こういうことが、しばしばあったのである。

○相良求馬（一六三〇〜一六八〇）――第二代藩主光茂に仕えて千二百石、年寄役から加判家老となった重臣、硬骨で知られる。
○中野数馬（一六二八〜一六九九）――中野数馬利明、第二代光茂の加判家老、つづいて第三代綱茂の年寄役。山本常朝の従兄弟の子に当たるが、常朝より二十一歳年長で中野一門の中心的人物。この諫言は晩年七十歳ごろのことである。

御意見を申し上げ候へば、一倍御こぢ遊ばされ、かへつて害になり候故《ゆえ》、御意見申上げず、御無理の事ながら畏《かしこ》まり罷在《まかり》り候と申され候は、皆言訳なり。一命を捨てて申上げ候へば、聞召し分けらるるものなり。なま皮に申上げられ候故、お気にさかひ、言出さるる半ばにて打崩され、引取る衆ばかりなり。

先年相良求馬《さがらきゆうま》お気にさかひ候。御意見を強く申上げ候に付御立腹なされ、切腹と仰出され、生野織部、山崎蔵人参り候て、内意申聞けられ候へば、求馬は、「本望至極《しごく》、さりながら今一事申し残し、死後までの残念に候。各々《おのおの》年来の御よしみに、この事を仰上《おおせあ》げ下され候様に」と申し候に付て、即ち両人より求馬申上げ候趣《おもむき》を、お耳に達せられ候。なほなほ御立腹遊ばさるる事にて候ひつる由に候処に、「求馬切腹相待ち候様に」と仰出され、聞召し分けられ、差許《さしゆる》され候。

また中野数馬年寄の時分、羽室清左衛門・大隈五太夫・江副甚兵衛・石井源左衛門、石井八郎左衛門、御意に背き候に付切腹と仰出され候。その時綱茂公の御前に数馬罷出《まかり》、「右の者どもはお助けなされ候様に」と申上げ候。公聞召され御立腹なされ、「詮議相極め切腹申付け候に、助くべき道理これありて申す儀に候や」と御意なされ候。

数馬これを承《うけたまわ》り、「道理は御座なく候」と申上げ候。道理これなき処に助け候様にと申す儀不届の由、お叱りなされ引取り、また罷《まかり》出で、「右の者どもはなにとぞお助けなされ候様に」と申上げ候に付、最前の如くまたまたお叱りなされ候に付引取り、また罷出で、かくの如く七度まで同じ事を申上げ候。公聞召され、「道理はこれなき処、七度まで申す事に候間、助くる時節にてあるべし」と。忽《たちま》ち思召し直され、お助けなされ候。斯様の事ども数多これあり候なり。

（聞書第一）

## 色紙の書き方にも

――常朝が重視する「狂気」のエネルギーは、日常的にも現われる。その一つの例が、文字の書き方で示されるつぎのことばである。

色紙を書くときは、紙いっぱいに一字書くつもりで、紙を書き破ろうと思って書くがよい。上手下手は専門家のいうことである。武士は、もたもたしないという一事だけで、あとのことはいらない。

紙一ぱいに一字書くと思ひ、紙を書き破り候と思ふて書くべし。よしあしはそれしやの仕事なり。武士はあぐまぬ一種にて済むなり。

（聞書第一）

## 補――孔子がたたえた「狂」の精神

じつは編者は人さまから「円満」といわれる常識人で、妥協癖がある。妥協したあと自己嫌悪を感ずることがあるほどなのだ。思い切りも悪い。ここにあげた「狂」とはおよそ正反対の性格である。それだけにここに掲載した語録は心に応《こた》える。

古代中国の孔子は「偉大な常識人」とされるが、こんなことばを残しているのだ。

「できれば調和のとれた穏健な人物と交わりたいが、いなければ、おかしな俗物よりむしろ〝狂〟といわれる人か〝狷《けん》〟とされる人のほうがいい。〝狂〟のひとは「できなくても」ひたすらやろうとするし、〝狷〟の人は、やるべきでないことはけっしてやらない」

子曰く、中交《ちゅうこう》を得てこれと与《とも》にせずんば、必ずや狂狷《きょうけん》か。狂者は進みて取り、狷者はなさざるところあり。（子路篇）

孔子は、志にむかって突き進む「狂」の精神を尊重し他にも多くのことばを残した。また、かれは絶妙なバランス感覚を持っていたが、〝郷原《きょうげん》〟（善人といわれる八方美人的人物）は「徳の賊なり」（陽貨篇）ときめつける。編者にとって厳しいお叱りなのだ。

# 二　開き直りの精神

『葉隠』には、「捨身《すてみ》の思想」ともいうべきものが流れている。それは、ただ「身を捨ててかかる」といった単純なものでなく、もっと醒《さ》めた発想なのだ。1＋1＝2ではなく、無に徹することによって有を生ずる、いや生じなくてもよい、所詮《しょせん》は無なのだ。これはまた、「開き直りの精神」にも通ずるものであろう。

# 落ちてしまえば気楽

座頭《ざとう》が十人ばかり連れ立って山道を行き、崖の上にさしかかった。みな足がふるえ、用心しながらおそるおそる進んでいったが、先頭の座頭が踏みはずし、崖から落ちてしまった。

あとに残った座頭たちは、「やれやれ、かわいそうに」と泣きさけび、一歩も進めなくなってしまった。

そのとき落ちた座頭が下からどなった。

「心配するでないぞ。落ちたが、なんのこともなく、かえって気楽なものだ。落ちぬうちは用心し、落ちたらどうしようかと思っていたから、心配でたまらなかったが、いまは、すっかりおちついた。おまえたちも、気楽になりたかったら早く落ちるがいい」

ある山中を座頭ども十人ばかり連れ立ち通り候が、崖の上を通り候時、皆々足ふるひ、大事にかけ、胆を冷やし参り候処、真先の座頭踏みはづし、崖に落ち申し候。残りの座頭ども声を揚げ、「やれやれかはいなることかな」と泣きさけび、一足も歩み得申さず候。その時、落ちたる座頭、下より申し候は、「気遣《きづか》ひ召さるるな。落ちたれども何の事もなし、なかなか心安きものなり。落ちぬ内は大事を思ひ、落ちたらば何とすべきと思ひし故、気遣ひ限りなく候が、今は落着きたり。各《おのおの》も心安くなりたくば、早く落ちられよ」と申し候由。

（聞書第十）

# 初めから捨ててかかれ

奉公人の失敗する理由が一つある。それは富貴を望むことだ。貧困に甘んずる気持があれば失敗はしないものである。

また、頭はいいが、人の仕事の欠点ばかり目につくという性格の者がいる。こういう気質の者はうまくいかない。初めから、世間というのは欠点だらけのものだと思いこんでかかれば、かえってうまくいくのである。完全なことを求め、わずかの欠点も見逃すまいとすれば、自分の顔つきが悪くなり、人が近づこうとしなくなる。人に避けられるようでは、どんなりっぱな人物でも、奉公人の本分をつくすことはできない。これも失敗する一つの理由だと心得ておくがよい。

——ここで、「富貴を望むな」というのは、ただお座なりの説教をしているのではない。むしろ老子《ろうし》流の「無」に近い発想であろう。それは、後段の「世間は欠点だらけと思いこめ」という考え方にも通ずる一種の捨身の精神ではないだろうか。「無」に徹し、「不信」に徹することによって、より大きなものを得ようとするのである。

奉公人に疵《きず》の付く事一つあり。富貴になりたがる事なり。逼迫《ひっぱく》にさへあれば疵は付かぬなり。また何某は利口者なるが、人の仕事の非が目にかかる生付なり。この位にては立ちかぬるものなり。世間は非だらけと、始めに思ひこまねば、多分顔付が悪しくして人が請取らぬものなり。人が請取らねば、如何様のよき人にても、本義にあらず。これも一つの疵と覚えたるがよし。（聞書第一）

# 負けて勝て

訴訟沙汰や論争などで、あっさりと負け、しかもそれが非常にみごとだったという負け方がある。相撲の勝負にも同様なことがある。

勝ちたいあまりに、きたなく勝つというのは、負けるよりも劣っている。きたない勝ちは、結局、きたない負けに通ずるのである。上り屋敷の事件については別に説明しよう。

公事沙汰《くじざた》、または言ひ募《つの》ることなどに、早く負けて見事な負けがあるものなり。相撲の様なるものなり。勝ちたがりて、きたな勝ちするは、負けたるには劣るなり。多分きたな負けになるものなりと。上り屋敷の事。口達。

（聞書第二）

# 無言こそ雄弁

話し方のコツは、なにもいわないことである。いわずにすまそうと思えば、一言も口をきかずにすむものだ。どうしてもいわなければならないことは、口数を少なく筋道がよくわかるようにいうことだ。不用意に口をきけばぼろを出し、軽蔑されるのがおちである。

――「日本人の無口」が「国際化時代にさいして不利だ」とされるようになっていらい、日本人もよく喋べるようになった。しかし、その内容は「よけいな気がねことば・過剰ていねい語」などが多く説得力がない。不祥事を詫びる企業トップの決まり文句に、常朝がいま生きていたら何というだろう。

物言ひの肝要は言はざる事なり。言はずして済ますべしと思へば、一言もいはずして済むものなり。言はで叶《かな》はざる事は言葉少なく、道理よく聞え候様いふべきなり。むさと口を利き、恥を顕はし、見限らるる事多きなりと。

（聞書第十一）

# 火事になったら道具など持ち出すな

公私ともに、ふだんから出火した場合の対策をたてておかなければならぬ。たとい名だたる大名の屋敷でも、自宅から出火するのは外聞が悪いものだ。

要は、道具類などいっさい持ち出さず、焼き捨てる覚悟で、消火につくすことである。そして、消火が追いつかないとなったら、いさぎよく道具類ともども丸焼けにしてしまうことだ。それでこそ、自宅出火にたいする責任のとり方といえるのである。

どんなに火の手が急でも、あわてさえしなければ身仕度の暇がないことはない。ふだんから家人たちによく言い聞かせておくべきである。江戸屋敷でも、平生からの十分な対策が必要である。重要なものは整理し、かたづけておかねばならぬ。

自火の仕組、公私ともにかねて仕置くべき事なり。歴々お大名方にても、自火の時、外聞悪しき事これ有り候。肝要は諸道具一色も直し申さず、焼捨て候覚悟にて、粉骨火を消し、手に及ばざる時、丸焼仕り候へば、仕損有るまじく候。

いかやうの急火にても、うろたへ申さず候はば身拵《みぞろ》への間これ無き事はあるまじく候。かねがね家内の男女ともに、よく申聞かせ召置かるべき事に候。江戸お屋敷にても、仕組、かねがねよく有るべき事に候なり。大事の物仕分け、直し置くべき事なり。（聞書第十一）

# 往生ぎわ

往生ぎわのよい者は曲者である。日ごろりっぱなことをいっている人が、最期のときに取り乱し、真の勇士でなかったと見破られてしまう、そんな例が多いのである。

死際のよき者は曲者なり。例《ため》し多し。日頃、口を利きたる者の死場にて取乱すは、真の勇士にてなき事、知られたりと。

（聞書第十一）

# 災難に祝いをいう

不慮の災難にあって気を落としている人に、「お気の毒」などといえば、ますます気がめいり、筋道をたてて考えることもできなくなってしまう。そういうとき、あっさりと、「かえってよかった」などといってハッとさせるのだ。それがきっかけになって、思わぬ活路が開けてくるものだ。うつろやすい人の世にあって、悲しみにせよ喜びにせよ、心を一カ所に固定させてはならないのである。

不慮の事出来て動転する人に、笑止なる事などといへば、尚々気ふさがりて物の理も見えざるなり。左様の時、何もなげに、かへってよき仕合せなどといひて、気を奪ふ位あり。それに取り付いて、格別の理も見ゆるものなり。不定世界の内にて、愁ひも悦びも、心を留むべき様なきことなり。（聞書第二）

# 恋の至極は逢わぬこと

先ごろ、集まった人たちに話したことだが、恋の極まるところは、心に秘めた恋であると見きわめた。叶《かな》えてしまえば、それだけのことで、つまらないものになってしまう。一生、心に秘めて焦《こが》れ死にすることこそ、真の恋であろう。歌に、

恋死なむ後《のち》の煙にそれと知れ　終《つ》ひにもらさぬ中の思ひを

とある。私がこれこそ至上の恋であろうといったところ、感心した人たちが四、五人いて、「煙仲間だな」ということになった。

この前、寄合ひ申す衆へ話し申し候ふは、恋の至極は忍恋《しのぶこい》と見立て候。逢ふてからは恋のたけが低し。一生忍んで思死する事こそ恋の本意なれ。歌に、

恋死なむ後の煙にそれと知れ　終ひにもらさぬ中の思ひを

これこそ長高《たけ》き恋なれと申し候へば、感心の衆四五人ありて、煙仲間と申され候。

（聞書第二）

# 増水すれば船は高くなる

大難や大事件にあっても動揺しないなどというのは、まだまだ気の持ちようが中途半端である。

大事件に遭遇したら、喜び勇んでぶつかっていくべきだ。

これは、常識をつきやぶった考え方である。「増水すれば、船はそれだけ高くなる」と、いうようなものだ。

大難大変に逢ふても動転せぬといふは、まだしきなり。大変に逢ふては歓喜踊躍して勇み進むべきなり。一関越えたる所なり。「水増《ま》されば船高し」といふが如し。

（聞書第一）

# 曲者《くせもの》はたのもしい

父神右衛門はこういった。

「ひとくせある者はたのもしい。たのもしいのはひとくせある者だ。長年の経験でそれがよくわかる。人が成功しているときは近づこうとせず、落ち目になり、困っているときに、わざわざ近づいていって、つくしてやる。こういうのが本当のたのもしい男である。そういう人間は、きっとひとくせある者である」

神右衛門申し候は、「曲者は頼もしきもの、頼もしきものは曲者なり。年来ためし覚えあり。頼もしきといふは、首尾よき時は入らず、人の落目になり、難儀する時節、くぐり入りて頼もしするが頼もしなり。左様の人は必定曲者なり」と。

（聞書第一）

## 雲居和尚《うんごおしょう》と山賊

松島瑞巌寺《ずいがんじ》の雲居和尚《うんごおしょう》が、夜中に山中を歩いていたところ、山賊があらわれて取り囲まれてしまった。

和尚は、

「わしは近くの者で、旅僧ではないから、銭《ぜに》はまったく持っておらぬ。欲しければ着物をやろう。命は助けよ」

といったので、賊は、

「これは骨折り損であった。着物などに用はない」

といって通した。

ところが、雲居和尚は一町ほどいってから立ち戻り、山賊を呼び返した。

「わしは妄語戒《もうごかい》を破ってしまった。あわてていたので、腰にさげた巾着《きんちゃく》のなかに銀銭が一粒あるのを忘れ、銭を持たぬとうそをいって、すまぬことをした。これをやるから取るがいい」

山賊たちはこれを聞いて感動し、もとどりを切って弟子になったという。

○雲居和尚——土佐の人。大坂夏の陣に塙団右衛門《ばんだんえもん》とともに籠城し、後、諸国を行脚した。伊達政宗《だてまさむね》に招かれて瑞巌寺にはいる。

松島の雲居《うんご》和尚、夜中に山中を通られ候を、山賊出でて捕へ候。雲居申され候は、「我は近辺の者なり、遍参僧にてはなし。金銀は少しも持たず、欲しくば着物をやるべし。命は助けよ」と申され候に付、「さてはむだ骨折したり、着物などは用事なし」と云ひて通し申し候。一町ばかり行過ぎて雲居立帰り、山賊を呼返し、「我妄語戒を破りたり、銀一つ前巾着にあるをうろたへて忘れ、銀子これなしと申す事、是非に及ばず候。即ち遣はし候間取り候へ」と申され候。山賊感に絶え、則ち髻《もとどり》を切り、弟子になり申し候由。

（聞書第十）

# 三　意地と反骨

人は損得だけで動けるものではない。損得以上に人を駆りたてるもの——意地と反骨。打算や世の大勢に器用に順応することをいさぎよしとしない精神は、あくまで少数派、もしくはわが心のうちなる少数派の、孤高の倫理である。しかしこの倫理こそが打算以上の価値を創造し、精神の崩壊をくいとめる威力を持つといえないであろうか。

# 意地の張り方

ある人のいったことであるが――。

意地というものは、心の内に秘めておく場合と、外にあらわす場合とがある。内だけでも、外だけでも、ともに役に立たない。

たとえば刀のようなもので、ふだんはよく刀身を研《と》ぎすまして鞘《さや》に納めておき、ときには抜いて手入れし、よく拭《ぬぐ》ってまた鞘に納めるのがよい。抜いてばかりいて、いつも白刃をふりまわすような者には人が寄りつかず、味方もなくなってしまうであろう。だが、いつも鞘に納めたままにしておけば、錆《さび》がつき、切れ味も鈍《にぶ》くなり、人から軽蔑されるようになるものだ、と。

ある人いふ、意地は内にあると外にあるとの二つなり。外にも内にもなきものは役に立たず。たとへば刀の身の如く、切れ物を研ぎはしらかして鞘に納めて置き、自然には抜きて眉毛にかけ、拭いて納むるがよし。外にばかりありて、白刃を不断振廻はす者には人が寄り付かず、一味の者無きものなり。内にばかり納め置き候へば、錆も付き刃も鈍り、人が思ひこなすものなりと。

（聞書第二）

# 出世よりも意地を

鍋島左太夫は、わが子内蔵之助の嫁に、小川舎人《とねり》の娘をむかえた。ところが、小川舎人は、鍋島綱茂公が封を継がれるまえ、その忌諱《きい》にふれて浪人するはめとなった。綱茂公が藩主となられたとき、ある人が気をきかして佐太夫にすすめた。

「なんとかして、嫁を離縁したほうがよいのではないか」

しかし佐太夫は、

「どんな不利があろうとも、罪もない嫁を離縁するなどできないことだ」

といいきった。

この嫁はほどなく死去したので、左太夫の家では石井家の娘を後添いに迎えた。この石井家は先の小川舎人と近い姻戚であったから、そのときも、それはやめたほうがよいという人が多かったが、左太夫は、

「とにかく縁つづきなのだから、その一門から迎えねばならぬ」

といって縁組を強行したという。

○鍋島綱茂（一六五二〜一七〇六）――佐賀藩第三代藩主。第二代光茂の嫡男。父が長く位にあったので、元禄八年（一六九五）、四十四歳で家督をつぐ。常朝が光茂に殉じて出家したのはその五年後である。

鍋島左太夫嫁の事　左太夫子、内蔵之助女房は小川舎人娘にて候。舎人浪人、綱茂公思召入これある由に付、御代になり候てより、左太夫へ、「是非々々嫁を返し申され候様に」と申したる人これあり候へども、「科《とが》もなきを返し申す事は、たとひ如何様《いかよう》に不首尾に候とても、罷成《まかりな》らず候」と申し切つて居られ候。右嫁ほどなく死去にて候故、石井縫殿娘縁組にて候。この節も、舎人近縁の事に候間、しかと無用と申す人多く候へども、「とかく縁柄の儀に候へば、彼一類より取らねばならぬ」と申して、またまた縁組仕られ候由。（聞書第七）

# わが身かわいさに女房を離縁できるか

牛島新五郎は、綱茂公の覚えもめでたく仕えていたが、たまたま女房の兄権藤七兵衛が遊里通いをして露見、江戸で切腹を仰せつけられた。

綱茂公は、悪事をこらしめるためと考えられ、一門の端々《はしはし》にいたるまで、きびしく謹慎をお命じになった。新五郎も、女房の兄の罪に連なって、江戸から佐賀に戻され、蟄居謹《ちっきょきん》慎《しん》のまま三年がすぎた。

そこで一門や同じ組の者たちが、

「思いきって女房を離縁するのがよい。そうすれば連座を免れ、元のように出仕がかなうではないか。これから先、蟄居《ちっきょ》中のあてがい扶持《ぶち》で生きていけるのか」

と、たびたびすすめるのであったが、新五郎は承知せず、

「けっして女房にほだされて離縁しないのではありません。わが身かわいさに、罪もない

女房を離別したとあっては、義理が立たないからでございます。飢え死にする覚悟をきめましたから、どうぞおかまいなく」

といったという。

○権藤七兵衛が……露見――元禄十年（一六九七）、鍋島藩江戸屋敷でおきた事件である。『鍋島綱茂年譜』に、「御在府中、小石千右衛門、野田二右衛門、権藤七兵衛、悪所へ参り候段、御歩行目付《おかちめつけ》直塚茂兵衛言上、三人、苗木山へ籠舎、追て切腹仰付けられ候」とある。遊興で切腹とはきびしいが、綱茂は藩主就任早々であり、江戸の元禄ムードになじみがちな佐賀侍に活を入れた気負いがうかがえる。

○蟄居――たんなる閉門でなく、自宅の一室にはいったきりで謹慎させるという刑罰。一門にまでおよぶというこの惨酷さがまた、はげしい意地をうんだのであろう。

――糟糠《そうこう》の妻は堂より下さず。右の二つの逸話と似ているのが、「糟糠の妻」ということばの出典となった古代中国の故事である。すなわち、後漢《ごかん》の光武帝《こうぶてい》（在位・二五～五七）の姉の湖陽《こよう》公主が未亡人となった。帝は公主の意中の人が大司空（副宰相）宋弘《そうこう》であることを察して、あるとき彼にそれとなく謎をかけた。

「出世すれば友をかえ、富めば妻をかえるということわざがあるが、それが人情というものであろうな」

すると宋弘は居ずまいを正していった。

「私はこのように聞いております。貧賤ノ交リハ忘ルベカラズ、糟糠ノ妻ハ堂ヨリ下サズ、とか」

フスマやヌカを食って苦労を共にした妻を見捨てられますかというわけである。帝はあきらめて公主に「あの話はだめです」といったという。

ただし、この「糟糠の妻」の故事がどことなく道徳教科書的であるのにたいし、『葉隠』の二つの逸話は、やむにやまれぬ意地といった原点的な心情から発したものを思わせる。

牛島新五郎女房の事　新五郎事、綱茂公お懇《ねんごろ》に召使はれ候処、女房の兄権藤七兵衛、悪所へ参り候事顕然に付て、江戸にてお仕置仰付けられ候。綱茂公は、悪事見懲しの為と思召され、一門端々まできびしく遠慮仰付けられ候。新五郎儀も小舅の悪儀に付て、さつそく江戸より差下され、蟄居《ちつきよ》仕り候事三年にて候。その内に一門同組どもより申し候は、「是非とも女房に暇を出し候へ。その時は元々の如く召使はるべき事に候。今四石の身代にて何をながらへ申すべきや」と、たびたび意見申し候へども、新五郎承引仕らず、「全く女房にほだされ、暇を出し申さぬにてはこれなく候。我が身よかるべきとて、科《とが》もなき女房に暇くれ申す事は、義理なき事に候。餓死いたす覚悟に極《きわ》め候間、お構ひあるまじく」と申し候由。

（聞書第七）

# 死者に罪は着せられぬ

——元禄二年（一六八九）、年寄役の中野将監が「藩政を壟断《ろうだん》した」として切腹仰《おお》せつけられた。きのうまで、彼を敬っていた藩士たちのなかにも、たちまち、うってかわって将監の悪口をいうものが出てきたのであったが……。

年寄役、中野将監《なかのしょうげん》が切腹した後日談である。石井内蔵允《いしいくらのじょう》、楢村清兵衛《ならむらせいべえ》の両名は、将監の下役だったため、将監生前のやり方について、その「罪状」を取り調べる重役方から、詳細に事情を聴取された。

ある一件について、

「このことは、どうであったのか」

と質問されたところ、内蔵允は、

「それは、将監殿がなにも知らなかったことで、私の失態です」

と答えた。さらにまた別の件についても質問されたが、

「それも私のやったことです。将監殿は、殿様の御用がいそがしく暇がありませんでしたので、すべて私の一存できめました。多少は報告したものもありますが、将監殿はほとんど関与されず、よろしいようにとだけ申されたのであって、すべて私の失態です」

というのであった。さらに、

「そうばかりだったのではあるまい。将監の意思でやったこともあるはず。ありのままを申し述べるように」

とまでいわれて、内蔵允はこう答えた。

「将監殿がまだ存命でありましたならば、少々はそのいいつけでしたと申し上げる件もあったにちがいありません。しかし、いまは故人となった人に罪を着せ、自分の責任を回避することは、武士の本意と申せましょうか」

取り調べの重役方は、この答にどなたも感銘し、内蔵允にたいしてはなんの罪科も問われなかった。

一方、楢村清兵衛は、いろいろ言いわけなどをしたため問題が生じ、ついに隠居を仰せつけられたのであった。

○中野将監――名は正包。実直な人がらで、年寄役としてよく第二代藩主光茂を補佐し、佐賀本藩と支藩の紛争があったときも、ひそかにその円満解決に努めるなど陰の功績があったが、後に、三支藩の憎しみをかい、独断専行のふるまいをしたとして切腹を命ぜられた。山本常朝の親戚（将監の祖父と常朝の父が兄弟）で、将監切腹の介錯は常朝が行なった。切腹は元禄二年（一六八九）九月。

石井内蔵允《いしいくらのじょう》御究めの事　中野将監切腹後、内蔵允《くらのじょう》、楢村清兵衛《ならむらせいべえ》両人は将監付役にて候故《ゆえ》、将監仕方一々御尋ねこれあり候。内蔵允へ、「この事如何様《いかよう》に候や」と一箇条問懸け候へば、「それは曾て将監殿存じなき事にて候。私不調法にて候」、また一箇条尋ねられ候へば、「それも私仕りたる事にて候。将監殿は御前の御用隙これなく候に付て、我々了簡にて何事をも相済まし、少々は聞かせ申したる事も候へども、何事も御存じなき御方にて、我々次第とばかり御申し候。皆以て拙者不調法にて候」と申すに付て、「左様ばかりもこれあるまじく候。将監了簡にて仕りたる事もこれあるべく候間、有体《ありてい》申出で候様に」とこれあり候時、内蔵允申し候は、「将監殿存生《ぞんしょう》にて候はば、少々はあなたの御申付け候と申す箇条もこれあるべく候。今亡き人に科《とが》をおはせ、我が身を遁《のが》れ申す事は侍の本意にてこれなく候」と申し候に付て、御詮議の衆何《いず》れも感じ入られ、何の科《とが》もこれなく候。清兵衛は色々申訳など仕り候に付て、不埒《ふらち》の儀ども出来候て、隠居仰付けられ候。（聞書第八）

# 窮鳥懐《きゆうちようふところ》に入れば

深江《ふかえ》助右衛門は、下総《しもうさ》国古河藩主土井利重公に輿《こし》入れしたお仙様〔鍋島光茂の長女〕の付人頭《かしら》として、土井家に出向していた。

あるとき、土井家家老の中間《ちゆうげん》が同僚に切りつけて助右衛門の長屋へ駆け込み、かくまってくれるよう頼みこんだ。

助右衛門は承知してかくまった。それが知れて、土井家の家老がその中間を差し出すようにいってきたが、助右衛門は引き渡そうとしなかった。そこで、さらに土井利重公が使者を向けたところ、助右衛門はこういいきった。

「かねて主人鍋島丹後守〔光茂〕より、奥方様の付人は、何事によらず、表《おもて》の命令に従い、土井家の家臣と同様にご奉公するよう申しつけられております。万事そのとおり守っておりますが、こんどの駆け込み者のことは、鍋島の家名にかかわる一大事でございます。

この助右衛門を人と見込んで頼ってきた者を、自分の身に災難がおよぶからといって引き渡したのでは、侍の本分にもとります。

私は一命を投げだす覚悟でございます。殿様のおことばであっても、これぱかりは承知するわけにはまいりません」

そこで土井利重公から奥方様にお話があり、「けっして死罪などにはしないから引き渡すように」と重ねていわれたので、後々の処置まで問いただし、安心となってから、やっと引き渡したという。

○表――大名屋敷などで、私生活を営む「奥」にたいし、家臣が詰めて政務をとる公のところを「表」といった。

――「窮鳥懐に入れば猟師も殺さず」として鍋島侍の心意気を示した話である。深江助右衛門は、この土井利重夫人お仙が二十三歳の若さで没した後、剃髪《ていはつ》して仏門に入り、佐賀にもどって草場村に小屋をつくり、七年忌をおえるまで喪に服した。その小屋は窓がなく、穴からさしいれる食事をとっていたという。

深江助右衛門駆込者囲ひ候事　助右衛門は柳原《やなぎはら》御前様へお付けなされ候。ある時、土井大炊頭《おおいのかみ》殿御家老の中間《ちゅうげん》、朋輩を刃傷致し、助右衛門長屋へ駆込み、相頼み候。助右衛門請合ひ、囲ひ置き候。この事相知れ、家老どもより使を立て候へども、差出さず候。大炊頭殿より御使参り候。

助右衛門申し候は、「主人丹後守かねての中付に、奥様へ相付き候者の儀、何事によらず、表の御下知に従ひ、御家中同様に仕るべき由申付け候。万事その通り相守り候。然しながら、この度の駆込者の儀は、鍋島の家に懸《かか》り申す事に候。助右衛門を人と存じ、相頼み候を、我が身難儀に及び候とて差出し候ては、侍の一分立ち申さず候。某《それがし》一命に替へ申す覚悟にて候。大炊頭様御意と候ても、この儀はしかと承引仕らず候」由、申し切り候。

それに付、御前様へ仰入れられ、「かつて死罪などに仰付けらるる事にてこれなく候間、差出し候様に」と重ねて御断りに付、後々の儀までとくと承り届け、別条無きに相極り候故、差出し候由なり。

（聞書第八）

## ある反骨

大木権左衛門が正月十一日、山城殿〔第一代藩主勝茂の四男、直弘〕のところへ参上したところ、山城殿は武具をつけ、馬上で竹刀《しない》を持ち、家臣を相手に仕合いをしておられる最中であった。

「権左衛門、できるかな」

といわれたので、

「では一槍、仕《つかまつ》りましょう」

と、すばやく竹刀をにぎり、山城殿を馬からさかさまに突き落とした。山城殿は、ようやく起き直り、「もう一槍」といわれたが、弟君の左京殿〔勝茂の六男、直長〕が立って、

「私が相手をいたしましょう。権左衛門、突いてみよ」

と、馬上からかかってこられた。権左衛門は左京殿をも突き落とし、

「正月早々、騎馬武者の首を二つ取り申した。愉快愉快」
といって退出したという。むかしの気風というもので、当時はこんなことが許されていたのである。

大木権左衛門事　山城殿御方へ、正月十一日に権左衛門参り候処、具足召し、馬上にて竹刀を持ち、家内の者を相手に成《な》され、お仕合成され候半ばにて候。「権左衛門、成るまじき」と御申し候へば、「さらば一槍仕るべし」と申し、竹刀おっ取り、山城殿を、馬より、さかさまに突落し申し候。漸く御起き直り、「ま一槍」と候を、左京殿お立ち、「某《それがし》仕るべく候。権左衛門突いて見候へ」とて、馬上よりお仕懸り候を、またまた突きおとし、「正月初に、馬上武者の首二つ取りたり。気味よし気味よし」と申して帰り候由。時代の風と云ふ物を、ゆるさるるだけなり。（聞書第七）

# 人の上を行け

人間は奮起するところがなければ物にならない。他人に頭を踏まれ、ぐずぐずと一生を終わるのは、くやしいことである。まことに一生は束の間なのだから、はっきりした生き方を貫き通したいものだ。この覚悟ができている者はきわめて少ない。

人に後れをとらぬためには、どうすればよいか。それには、家老や年寄役として名をあげている人、あるいは出家なら一派をたてている和尚、こういった人物を見て、「彼も人の子、よもや鬼神ではあるまい。なんで自分が彼にひけをとるいわれがあろう。もし、どうしても彼におよばなかったら腹をかき切ろう」と一大決心して奮起すればよいのだ。それだけで、すでに人の上位にたつことになるのである。

しだいに実績を積みあげてからなどというのは、なんともまだるこしいやり方だ。いま一念発起するということが、すなわち一歩ぬきんでるということなのである。

このように決心しても、ふっきることができず、なにやかやと余計なものにわずらわさ

れ、どうにもならぬときもある。そうしたときは、

「手に吹毛剣《すいもうけん》を握り、触着《しょくちゃく》するところ剗却《さんきゃく》せざるなし」

という禅のことばなどよりどころとするがよい。

○手に吹毛剣を握り、……剗却せざるなし――「吹毛剣」とは、毛を吹きつけただけで切れてしまうような名剣のことで、疑いや迷いを断ち切る智慧《ちえ》のたとえとして禅門でよく引用される（『碧巌録《へきがんろく》』、禅関策進）。この句は、吹毛剣を手にして、ふれるものをすべて切りすてるという意味。ただし、意識して切ったのではだめで、『碧巌録』によれば、「吹毛剣とはなにか」という問いにたいし、巴陵禅師は「珊瑚の技にかかる月」と答えている。

――坂本龍馬と宮本武蔵　幕末の熱血漢坂本龍馬の語録に、つぎにようなことばがある（『陣中奔走録』）。

「如何なる憶すべき所なりとも、其の対面の人、きやつぱら夫人にふざけるさまは如何なる振舞ならんかの意を以て其の容体を見れば論ずるに足らぬ風俗あるべし」

「世界の人民いかにせば、みなごろしにならんと工夫すべし。胸中にその勢ひあれば天下に振ふものなり」

また宮本武蔵はこういっている（『五輪書』）。

「枕をおさゆるとは、かしらをあげさせずと言心也。兵法勝負の道にかぎつて、人に我身をまわされてあとにつく事悪し。いかにもして敵を自由にまわしたき事なり」

人は立ち上る所なければ物にならず。人より頭を踏まれ、ぐづぐづとして一生を果すは口惜しき事なり。誠に夢の間なるに、はつきりとして死にたきことぞかし。ここに眼の付く者稀《まれ》なり。在家も出家も、当時何其何某家老年寄役にて御用に立ち、何和尚何和尚一派を持ちて居るを見て、「彼も人なり、鬼神にてはなし、少しも劣るべき謂《い》はれなし、もし誰々に乗越えずんば腹掻切つて死ぬべし」と突つ立ち上れば、即座に上は手になることとなり。功を積みてからと云ふはまだるし。一念発起すれば則ち立ち上ることとなり。斯様に突つ切つて踏破ること成りがたく、志は有りても、何やかや取付きて、埒《らち》明きがたき時もあり。左様の時、「手に吹毛剣を握り、触着する所剗却《さんきやく》せざるなし」と云ふ句などを力にすべしと。

（聞書第十一）

# 上をむいて歩け、大ぼらをふけ

藩祖直茂公が隠居されてからのことである。安芸《あき》殿〔鍋島安芸守茂賢、鍋島家の姻戚〕が直茂公に御用があり、佐賀城三の丸の御座所にうかがったが、不在だったので、「どちらへお出でなされたのか」とたずねたが、だれもわからなかった。翌日またうかがったが、やはり不在で、どこへいかれたかわからない。そこで、あちこち探したところ、公は角櫓《すみやぐら》〔城の角《すみ》にある櫓〕におられた。

そこで安芸殿は登っていき、

「なんでまた、こんなところにおいでになりますのか」

と申し上げると、

「二、三日、ここからわが藩の風俗を見ていたのじゃ」

「それはまた、どういうことでございます」

とたずねたところ、直茂公は、こういわれた。

「人通りを見ていて感じたことがある。嘆かわしいことに、わが肥前の気風が弱くなりはじめたと思われる。その方なども、よく心得ておくがいい。往来する者を見ていると、ほとんどが下目づかいになり、地面を見て通る者ばかりになってしまった。気質がおとなしくなったからである。はやりたつ気持がなければ、戦うことはできぬ。律義に、正直にとばかり考えて、心がちぢこまってしまっては、男の仕事はできるものではない。時には、大ぼらをふき、気張った根性を持つことが、武士にとって必要なことである」

これいらい、安芸殿は、ほらをふくことが多くなったという。

――関ケ原の役を経て天下は家康の下に安定し、佐賀藩の領地も確定した。うちつづく内戦と朝鮮出兵の緊張から解放され、創業から安定の時代へと転換しつつあったときのことである。平和な時代になると、どうしても突進型より守りの型の人間が要求される。藩祖直茂は、その流れを知りつつも、攻めの精神を忘れることを戒めたのであった。

直茂公へ御用にて安芸《あき》殿三の丸へ罷《まかり》出でられ候処、お留守にて候故、「何方へお出でなされ候や」と相尋《たず》ねられ候へども相知れ申さず候。翌日罷出でられ候へども御座所相知れ申さず候。方々相尋ねられ候処、角櫓へ御座成され候。即ち罷上り、「如何《いか》様《よう》の儀に、それに御座候や」と申上げられ候へば、「一二三日ここより国の風俗を見候」と仰せられ候。

「それは如何様の儀に候や」と相尋ねられ候へば、「人通りを見候て考ふる事なり。嘆かはしき事は、最早《もはや》肥前の槍先に弱みが付きたると思はるるなり。其方など心得候て罷在るべく候。往来の人を見るに、大かた上瞼打下ろし、地を見て通るものばかりになりたり。気質がおとなしくなりたる故なり。勇むところがなければ、槍は突かれぬものなり。律義・正直にばかり覚えて心が逼塞《ひっそく》して居ては、男業《おとこわざ》成るべからず。間《ま》にはそら言をも云ひちらし、張り懸りたる気持が武士の役に立つなり」と仰せられ候。これより安芸殿虚言多く候由。中野氏話なり。

（聞書第三）

## 「無事は心もとなし」

祖父中野甚右衛門が代官として桃川〔伊万里市桃の川〕に住んでいたころのこと、佐賀から時候見舞いに訪ねてきた人があった。甚右衛門が、

「佐賀のほうでは変わったこともありませぬか。江戸のあたりは無事でしょうかな」

とたずねたところ、

「江戸はとくにおだやかです。佐賀のほうも、何事もございません」

と答えた。

この客人が帰ったあとで、甚右衛門は私の父にいったそうである。

「今日は客人が遠いところを来られたので、とくにおもてなししようと思っていたが、受け答えが悪く、不愉快だったので、いいかげんにして帰したのだ。そもそも、城下から離れたこのような国の端地にきて、子どもや家来がいるところで、ああいう言い方はするも

のでない。佐賀のほうは変わったこともございませんが、いつ思いがけないことが起こるかしれませんので、城下の侍どもは、片時も油断しておりません、とでもいうべきであろうに」

父神右衛門から聞いた話である。

また、その神右衛門も、隠居後、見舞いにきた人に、「世間では変わったことはありませぬか」と聞き、相手が「無事でございます」などと答えると、「無事は心もとない」といっていたという。

○**中野甚右衛門**（一五五五～一六二〇）――神右衛門とも書く。名は清明。山本常朝の祖父。鍋島直茂に従った戦国歴戦の勇士。朝鮮の役にも出征している。晩年は伊万里代官であった。

中野甚右衛門桃川居住の時分、誰か佐賀より見舞申され候。甚右衛門申され候は、「佐賀表《おもて》替る事もこれなきや、江戸辺無事にて候や」と尋ね候へば、「江戸別て御静謐《せいひつ》、佐賀表何事もこれなく候」と申し候。客人帰りの後、甚右衛門子供へ申し候は、「今日は客人遠所参られ候故、随分馳走申すべしと存じ候処、取合ひ悪しく不気味に候故、大方にして帰し候。総じて斯様のお国端に参り、子供家来ども承り候処にて、あの様に申さぬものにて候。佐賀表相替る儀はこれなく候へども、不意はただ今の事も相知れず候故、士ども片時も油断仕らずなどと申すものにて候」と申し候由。山本神右衛門話し申され候。また山本神右衛門は、老後見舞の人に、「世上替る事はこれなきや」と尋ね候に、「無事に御座候」と取合ひ候へば、「無事は心もとなし」と申され候由なり。

（聞書第八）

# 人間の誇り

――人間には意地と誇りがある。ところが管理体制というものは、そうしたことに必ずしも考慮を払おうとしない。『葉隠』は、そのような風潮を戒《いさ》めて、以下のような二つの逸話を記録している。


久留米の第四代藩主有馬頼元公は賢君だという評判である。

あるとき家中の侍がよからぬ企みをしたとして糾明されたが、当人はまったく私利を計ったことはないと申し立てた。家老たちは協議して拷問をしても白状させるべきであると頼元公に具申した。頼元公は、

「むかしから侍を拷問した例はない。無用である」

といわれたが、家老たちは承知しなかった。そして拷問を強行したところ、当人が自白したので、ついに処刑されてしまった。

さてその翌年、頼元公は小鳥を愛玩しはじめ、側近にこう命じた。

「小倉に九州一のうぐいすを飼っている者があると聞く。いかほどの値であっても求めてまいれ」

側近が莫大な金額で譲り受けてくると、公は、このうぐいすをとりわけ大事にし、とくに係の侍をひとりつけて、やたらの者は近づけさせなかった。

あるとき公は茶坊主にいいつけ、そのうぐいすをひそかに庭に放させた。そして茶坊主には宿下りを命じ、他言を禁じた。

飼育係の侍が餌をやろうと籠を見たところ、うぐいすが消え失せているので、さっそく報告したところ、頼元公は、

「不届きなやつ。おそらく盗みとって、よそへ売り払ったのであろう。きびしく糾明し、なお白状しなければ拷問するように」

と家老たちに申し付けられた。

拷問におよんだ結果、飼育係の侍はこう白状した。

「この上は正直に申し上げます。薩摩の者に売りました」

家老たちがこのことを報告すると、頼元公は、茶坊主を呼び出して事の次第を語らせた。そして、こういわれたそうである。

「侍という者は、拷問されれば死後までの恥辱と思い、無実のことも身に引き受けてしまうということが明らかとなった。こんごは侍の拷問は絶対にいたさぬよう」

またこういうこともあった。あるとき家老たちが、盗人を死罪にするよう申し出たところ、頼元公は、

「下々の者は多少の悪事はするものである。死罪にまですることはない」

家老たちがなお、

「以後の見せしめになりませんので、ぜひ死罪を仰せつけられますよう」

といったのにたいし、公は、

「では、その者を殺すがよかろう。断わっておくが、そうすれば以後の見せしめとなり、二度と盗みを働く者はいなくなる、と申すのじゃな。もしふたたび盗賊が現われたならば、それはその方たちの失態になるということを、いまここで誓約できるか」

といわれた。家老たちはことばにつまり、盗人の死罪はとりやめになったという。

筑後久留米の侍従有馬中務大輔頼元は、賢君の由取沙汰あり。ある時、家中の侍奸謀の詮議これあり候処、全く私欲仕らざる由申し候。家老ども吟味にて、拷問仕るべき由披露を遂げ候。中書申され候は、「前々より侍を拷問したる例これなく候間、無用」の由に候。然れども、家老中合点仕らず候に付て、力に及ばれず拷問致し候処、奸謀の旨申出で、仕置申付けられ候。

その翌年、中書、小鳥好きを致され、「小倉に九州無双の鶯これある由に候間、価に構はず求め候様に」と申付けられ、莫大の金子にて乞ひ取り候を、別けて寵愛候て、侍一人付け置かれ、余人は見申す事も罷《まか》り成らず候。ある時、茶道小僧に申付け、右の鶯を潜《ひそ》かに庭に放させ申され候。さ候て、小僧は宿元に帰し置き、他言仕らざる様に申付けられ候。右鶯心遣の侍、餌飼仕るべくと籠を見候へば、鶯失せ申し候に付て、早速《さつそく》耳に達し候処、「不届者多分盗み取り、他所へ売り申したるにてこれあるべく候。きびしく詮議仕り、なほ偽り候はば拷問仕り候様に」と家老どもに申付けられ候。

すでに拷問に及び候時、「この上は有体《ありてい》申出づべく候。薩摩へ遣はし売り申し候」

由申出で候。家老ども披露の時、右の小僧を呼び出し、初めの次第を申させ、「侍たる者は拷問におよんで死後までの恥と存じ、無き科《とが》をも引受け申す事歴然に候。以来侍の拷問無用」と申付けられ候由。

またある時、盗人を死罪申付くべき由、家老ども披露致し候処、「下々の者は、一《ひと》端《はし》不義をも仕るものに候。死罪には及ぶまじき」由、申付けられ候。家老ども承り、「以後の締りに罷成《まかりな》らず候間、是非死罪に仰付《おおせつ》けられ候様に」と申し候に付、「さ候はば、随分この者殺し申すべく候間、この者以後の締りになり、重ねて盗賊出来仕るまじく候。もし盗賊出来候はば、家老ども不調法に罷成るべき由、証人差出し申すべきや」と候に付て、理に伏し、盗人助け申され候由。

(聞書第十)

## からかった相手を切って無罪

徳久某は、一風変わった性格の持主で、やることがどことなく抜けているように見えた。

あるとき客を招いたが、ドジョウの刺身をだした。そこで、人びとは「徳久殿のドジョウ刺身」とかげ口をきいて笑いものにしていた。

たまたま彼がお城に出仕したとき、ある男がこのことを口にしてからかった。徳久は激怒して抜き打ちにこの男を切り殺した。

この事件の審問にさいし、「殿中での不始末につき切腹を仰せつけられるのが至当」という上申があった。

直茂公は、これを聞いて、

「人になぶられて黙っているのは、いくじなしである。殿中だからといって、そのまま聞きながすべきことではない。人をなぶるほうが、たわけ者である。切られ損じゃ」

といわれたそうである。

徳久殿殿中にて刃傷の事　徳久何某、人にかはりたる生付にて、ちと、ぬけ風に相見え申し候。ある時、客人招請候て鰌《どじょう》膾《なます》を仕られ候。その頃、諸人「徳久殿の鰌膾」と申して笑ひ申し候。出仕の節、何某右の事を申出し、なぶり候を、抜打に打捨てられ候。この事御詮議になり、「殿中にて粗忽《そこつ》の仕方に候間、切腹仰付けらるべき」旨申上げ候。直茂公聞召され、「人よりなぶられて、だまりて居る時はすくたれなり。殿中とて場をのがすはずなく候。人をなぶるものはたはけ者なり、切られ損」と仰出でられ候由。（聞書第七）

## 病人と「気」

病気が長びくと、気力がなくなり、ますます重病人になってしまうのである。こういう病人は、なにか気持を引き立ててやることが肝腎である。その意味で祈禱《きとう》や願かけもよい。それで少しでも効きめがあれば、病人は元気が出てくるものだ。神仏の名や呪文などをとなえさせるのも効果がある。気がまぎれて病気のことを忘れる。戦記の勇ましいくだりや、禅書『驢鞍橋《ろあんきょう》』などを読んできかせるのもよかろう。ふっと元気が出て、気持にはずみがつき、回復にむかうものである。

病気永引き候へば、気草臥《くたび》れ、大病になるものなり。斯様の病人は、気を引立て候事肝要に候。祈禱願力にて奇特などこれある時、きほひ出来申し候。常々法号真言《つねづねほうごうしんごん》など唱へさせ候へば、気転じ病気を忘るるものなり。軍書の内勇勢の所、驢鞍橋など、ひろひ候て読み聞かせ候へば、ふと心に乗り、引上ぐる気質出来、本復するものなり。

（聞書第十一）

## 臨終に夫人の一喝

勝茂公の容態が悪化したとき、奥方がお別れのために出座、枕もとへ寄ると声を励ましていわれた。

「さてもさてもめでたいご臨終でございます。ご一生のあいだ、失敗もなく武勇のお働きをなさり、国を固め、多くの子孫をお持ちになって家督をもお譲りになり、八十になんなんとして成仏されるとは、まことに比類ないご最期でございます。このうえは、少しも思い残すことはございますまい。いまこそお別れいたします」

おそばにお長様〔勝茂の五女〕がおられ、落涙なさったところ、奥方様は、はたとにらみつけ、

「たとえ女だからといって、物の道理を聞き分けず、末期の親に涙を見せるとは何事か」

と手荒く引き立てられ、奥の部屋におはいりになったという。

御気分御差詰めにて、御前様御暇乞《おひまごい》にお出でなされ、御枕元に寄らせられ、「さてさて、目出度き御臨終にて候。御一生落度なく弓矢の御働き、国家をお固め、子孫数多《あまた》お持ち、家督をもお譲り、八十におよび御成就は比類なきお仕舞に候。この上は少しも思召し残さるる事はこれあるまじく候。ただ今御暇乞仕り候」と、高声に仰せられ候。お傍《そば》に、お長様御座なされ候が、御落涙なされ候を、御前様はたとおにらみ、「いかに女なればとて、物の道理を聞分けず、末期《まつご》の親に涙を見せ申すものか」と、あらかにお引立て、御内にお入り遊ばされ候由。（聞書第四）

# 臨終のやせがまん

父山本神右衛門は八十歳で世を去ったが、病の床で「うめき声がでそうだ」というので、家人がすすめた。

「うめき声を出せば気分が楽になります。思いきって、うめきなされ」

ところが神右衛門は、

「そうはいかぬ。山本神右衛門と人びとに名を知られ、勇ましいことを言いつづけてきた者が、最期のときにうめき声を人に聞かすわけにはいかぬ」

といって、ついに一言もうめき声を発しなかった。

○山本神右衛門（一五九〇〜一六六九）――名は重澄。山本常朝の父。中野甚右衛門の次男で山本家の養子となった。有馬攻めに従軍、後に有田皿山代官、楠久《くすく》牧奉行となり、大木村（現在の西有田町）に住み、窯業、牧畜業の振興につとめた。六十九歳で隠居したが、常朝はその翌年、七十歳のとき生まれた子である。その死は常朝が十一歳のときであった。

山本神右衛門末期の事　神右衛門八十歳にて、病中「うめきさうなる気色」と申し候に付、「うめき候へば気色もよくなる様にこれあるものに候。うめき申され候様に」と申し候へば、「左様にてこれ無く候。山本神右衛門と諸人に名を知られ、一代口きたる者が、最期にうめき声を人に聞かせ候てはならず」といひて、終《つい》にうめき声を出《いだ》し申されず候由。（聞書第九）

# 怖ろしい「卑怯」の汚名

先年、川上〔佐賀県大和町〕実相院経会《きょうえ》にさいし、紺屋町、田代町〔いずれも佐賀市内〕あたりの者が五、六人連れだって参詣したが、帰路、一行は酒を飲んでくつろいだ。

そのなかに、藩士木塚久左衛門の家来が加わっていたが、早く家へ戻らなければならない用事があったので、仲間にことわって、明るいうちに一足先、帰宅した。

ところが、彼が帰ったあとで、一行がよその者と喧嘩し、相手を切り殺してしまった。

久左衛門の家来は夜が更けてからこのことを知り、さっそく仲間のところへいって、ようすをたずね、こういった。

「いずれ取調べを受けるだろう。そのときは、わしもその場にいて、一緒に相手を切り殺したといってはくれまいか。わしも主人にその場にいましたと申し上げるつもりだ。喧嘩した者は一蓮托生だから、わしもみんなと同じようにお仕置きを受けることになるだろうが、わしは、それが望みなのだ。

そのわけは、わしはさきに帰りましたと主人にいっても、信じてはもらえまい。わしの主人は厳しい人だから、たとえお上から許されても、卑怯者ということで、主人から手討ちにされるのは目に見えている。そうなれば、逃げたという汚名を着て死ぬことになる。それはいかにも無念だ。同じ死ぬなら、人を切った罪で死にたい。だからこそ頼むのだ。もし承知してもらえなければ、わしはこの場で腹を切るぞ」

仲間たちも仕方なく、そのように申し出た。そして評定所での取調べのときも、彼らは同じように陳述したが、追究された結果、木塚久左衛門の家来は先に帰っていたことがわかってしまった。

殿様はじめ評定の面々は感心なされ、彼をおほめになった。

○経会――経文を書写して供え、読経を行なう行事。川上実相院の経会は毎年三月五日から十日まで行なわれていたという。この期間は近郷近在から人が出盛った。

――美徳の楽屋裏　この逸話も、「武士の意地」を讃えているが、ここには期せずしてタブーの惨酷さが示されている。すなわち、この場合の意地は、内発的というより、「恥辱」というタブーによって強制されたものである。この時代に先立つ戦国動乱の時代においては、実利主義的な立場から「卑怯」は後世ほどには非難の対象となっていない。ところが、江戸時代にはいって封建的身分制度が確立されるにつれ、武士集団のきずなを守るために、「卑怯」は最大の恥辱として排斥《はいせき》されるにいたった。美徳の楽屋裏をかいまみせてドキリとさせる異色の一篇である。

木塚久左衛門被官の事　先年川上お経の内、紺屋町田代辺の者五六人参詣致し、途中にて酒をたべ、時を移し居り申し候。その内、久左衛門被官、宿許へ早く帰らず候て叶はざる事候故、同道人にも断り申し、日の内に罷《まかり》帰り候。然る処に、同道人ども、後にて余人と喧嘩致し、相手切殺し罷帰り候由、夜更け候て、久衛門被官聞付け、さつそく同道人処へ参り、様子承り、「やがて口書《くちがき》取り申さるべく候。その節我等も居り候て、相手を同然に切殺し候由、其方などよりも申出でらるべく候。我等も帰り候て、久左衛門へその通り申すべく候。喧嘩は相手向きの事なれば、其方など同然に我等もお仕置に逢ひ申すべく候。その段本望にて候。その仔細は、我等は早く帰り候と主人へ申し候ても、とても実《まこと》とは存ずまじく候。久左衛門かねてきびしき人に候へば、御上《おかみ》よりお助けにても、すくたれ者とて手討仕らるべき事、眼前に候。その時は、その場を逃げたりとの悪名にて死ぬる事、無念千万にて候。死ぬる命は同じ事なれば、人を切りたる科《とが》にて死にたく候故、斯様に申し候。もし其方など合点これなく候はば、ここにて腹を切るべし」と申し候故、同道人ども力及ばず、その通り申出で候。押付け評定所にてお究めの節も、同じ様に申出で候へども、先に帰り候事相知れ候。いづれも御感なされ候て、御褒美に合ひ申し候。（聞書第八）

# 四　人間関係の機微

狂気や無分別を礼讃する一方で、『葉隠』は人間関係の機微と細やかな心づかいを説いている。そこには、かつての戦国武士には見られなかった元禄期における洗練された人間関係のノーハウからマナーまでが記されているのである。どうして、これはたいへんな分別である。山本常朝のなかには「無分別と分別」、「戦国と元禄」が同居しているのだ。

# 機転の心づかい

丹波篠山《たんばささやま》城主松平大和守殿の江戸屋敷に、鍋島綱茂公をはじめお客人が招かれ、夜の宴が催されたときのことである。

旗本で老齢の北見久太夫殿も出席され、むかしの合戦話がはずんだ。

夜が更けて、給仕の小姓が銚子を運んでいたところ、つまずいて久太夫殿のひざに酒をかけてしまい、その小姓は顔を赤らめて退出した。

すると、すぐほかの小姓があらわれ、久太夫殿をつぎの間へ案内して着替えさせ、あとしまつをしたのであった。

さて、後にこの一件を調べたところ、恍惚《こうこつ》老人の久太夫殿が長座したため、すわったまま小水をたれ流していたのを、小姓たちがめざとく見つけ、わざと酒をかけてその場をとりつくろったということがわかった。そして彼らは、ほうびを与えられたという。

松平大和殿へ綱茂公そのほか御客夜会、御旗本老人北見久太夫殿相越され、古戦の話これあり。夜更け候てより、給仕の小姓銚子を持ち、つまづき候て、久太夫殿膝に酒を打懸け、無興にて赤面致し罷《まかり》立ち候。余の小姓罷出で、久太夫殿を次の間へ引き立て、衣裳着せ替へ、跡取り仕舞ひ候。後に吟味これあり候処、極老の人長座にて、居ながら小用にひたり、御座に流れ居り申し候故、わざと酒を打ち懸け、紛《まぎ》らかし候由に付、小姓へ褒美これあり候由。

（聞書第十一）

# 落目の人にこそ

「人の心を知ろうと思ったら病気になれ」とよくいわれる。日ごろは親しくつきあっていながら、相手が病気になったり災難にあったりすると、いいかげんにあしらうような者は卑劣である。

人が不運な目におちいったときこそ、とくに近づいて、見舞ったり、めんどうをみたりしてやるべきである。

こういうことで人の気持がわかるのだ。

また一方、自分が困ったときは人を頼りにするものだが、すんでしまえば思い出しもしない人が多いということも事実である。

「人の心を見んと思はば煩へ」と云ふことあり。日頃は心安く寄合ひ、病気または難儀の時大方にする者は腰抜なり。すべて人の不仕合せの時別けて立入り、見舞、付届仕るべきなり。恩を受け候人には、一生の内疎遠《そえん》にあるまじきなり。斯様の事にて、人の心入は見ゆるものなり。多分我が難儀の時は人を頼み、後には思ひも出さぬ人多し。

（聞書第一）

# 失敗した者こそ信頼できる

ある藩士の昇進を審議したとき、「この男は以前に大酒を飲んで失敗したことがあったから昇進させるべきでない」と、衆議が一決しそうになった。

ところが、某氏が異議を申し立てた。

「一度失敗した者を見捨ててしまえば、人間は育ちません。むしろ一度失敗した者は、後悔しているでしょうから、きっと精を出して勤め、りっぱにお役に立つようになるにちがいありません。昇進させるべきだと存じます」

さる重役が反問した。

「貴殿がそれを保証できるか」

すると某氏がいった。

「いかにも私が保証いたしましょう」

さらに、一座の面々が、

「なにをもって保証されるつもりか」

といったのにたいし、某氏は、

「一度失敗した者だからこそ保証するのです。一度も失敗したことのない者は、かえって危険です」

それでこの藩士の昇進が決定したという。

――「もし間違いをしない人がいたら、これほど世の中でいやな奴はあるまい」（山本有三）。

何某《なにがし》立身御詮議の時、この前大酒仕り候事これあり、立身無用の由衆議一決の時、何某申され候は、「一度誤これありたる者をお捨てなされ候ては、人は出来申すまじく候。一度誤りたる者は、その誤を後悔致すべき故、随分嗜《たしな》み候て御用に立ち申し候。立身仰付けられ然るべき」由申され候。何某申され候は、「其方お請合ひ候や」と申され候。「なるほど某《それがし》請に立ち申すべし」と申され候。その時いづれも、「何をもって請にお立ちなされ候や」と申され候。「一度誤たる者に候故請に立ち申し候。誤一度もなきものは、あぶなく候」と申され候に付て、立身仰付けられ候由。（聞書第一）

# 聞かぬふり

勝茂公が野田七右衛門に西目山の管理をお命じになっていたところ、お目付から七右衛門がかってに木を伐って売りはらったという報告がはいった。

その後、七右衛門が御前に祗候《しこう》したとき、勝茂公は、そっとこういわれたそうである。

「その方が西目山の木をかってに伐採して私腹を肥やしたとか申す者がおるが、その方は、さようなことはいたすまいな。まぎらわしいうわさ話であろうと考え、そのままにしておいたが、くれぐれも注意するように」

野田七右衛門へ西目山心遣仰付け置かれ候処、自分に木を伐り売払ひ候由、御目付より言上仕り候。その後七右衛門、御前に罷出で候時分、潜かに仰聞けられ候は、「斯様の事を聞き候。其方は左様の儀仕るまじく候。いか様似たる事を人の沙汰致すにてこれあるべくと存じ、その分にて差置き候。いよいよ相嗜《たしな》み候様に」と御意なされ候由。

（聞書第四）

# 他人の欠点を直させるには

上下万民の気持を正し、ひとりも不忠不義の者がないようすべての者を役立て、それぞれが安心して暮らせるようにしてみせる――武士たる者は、このように大きな決心を持たなければならない。殷《いん》の名宰相伊尹《いいん》の志のようなもので、これこそ大忠節、大慈悲の精神である。

他人のくせを直すのは、自分のくせを直すよりもむずかしいものである。どんな相手であろうと、いいかげんなつきあい方はせず、親しい者はもちろんのこと、見知らぬ人からも、ひそかに慕われるようにすることが基本である。

私自身も覚えのあることだが、気の合った人からいわれる意見は、すなおに受け入れられるものである。

ところで、意見の仕方は、その時々に応じた言い方をしなければならない。相手の性質に応じ、また、相手の好きな道にことよせて話しかけるなど、いろいろなやり方がある。相手の欠点ばかりを追及していたのでは、すなおに受け入れられるはずがない。

自分はいい子になり、相手だけが悪いようにいったのでは、だれが気持よく聞くだろうか。そこでまずこちらの欠点を明かして、

「私は自分自身ではどうしても直せないので、神仏に願かけまでしているのだが、貴殿は懇意な仲なのだから、気づいたことは私にそっと注意してほしい」

などといえば、相手は、

「それは私も同じです」

というだろう。そこで、

「では、たがいに申し合わせて直そうではないか」

といってやるのだ。そうなれば、相手もすすんでその気になり、しだいにその欠点がなおるのである。

仏法にいう「一念発起すれば、過去久遠劫《くおんごう》の罪を滅す」というのも、この精神である。どんな悪人でも改心させてみせると自分に言い聞かせることだ。不心得者ほど、あわれなものである。直してやろうとこちらでいろいろ工夫すれば、直らぬはずはない。できないというのは、こちらのやり方が十分でないからである。

ある人の子で、人びとから嫌われ、手のつけられぬ性質の者がいたが、私はその祖父の

代から「頼む」と一言いわれたばかりに、いまだに心にかけ、毎朝、神仏に祈っている。真心は天地をも動かす。そう念じてかかれば、きっと霊験《れいげん》があるはずである。これが私の一生の願いである。

私は人に嫌われる悪人ほど親しくしてきた。人びとから相手にされなかった某などにたいしても、私ひとりがひいきにして、機会あるごとにこうほめそやしたものだ。

「どうしてどうして、一癖ある、とっておきの人材で、殿のおためを第一に考えているようだ」

こうしているうち、人びとの気持も変わり、やがてみんなから見直されるようになった。

人間はだれでも、どこかよいところがあるのである。そのよいところを引き出してやれば、たとい欠点があろうと、いつかはきっと役に立つ人物となるであろう。

私は平素から志を同じくする人たちと、こんなことを申し合わせてきた。

「光茂公もやがては逝去されるであろう。そのとき自分は、追腹《おいばら》の気持で髪を剃り、五、六十人いる側近の連中を覚醒させてやるつもりである。いつも叱られてばかりいて、いざというときに身を捨てるというのは、いかにも損をするようだが、これこそが本当の家来というものだ。

日のあたらないところで奉公している身分の低いわれわれが、身分の高いお歴々をさしおいて、殿の名誉をはかろうというのは、けっして他意あってのことではない。それだけ打ち込んで勤めようというのである」

なかには、

「新参の成上り者が、えらそうに無礼なことをいったときは、切り捨ててやる」

などという者もいたが、私はこういってたしなめたものである。

「それは思い違いというものだ。あの連中は、殿の尻をふいてご機嫌をとるおべっかつかいにすぎぬ。いずれは没落するにちがいない。もっと大所高所から見たらどうか。四年か、あるいは五年後か、殿に万一のことがあったとき、お供をして殿のお名を高めるべき大切な家来が、つまらぬ輩と喧嘩などしてどうなる」

そして、ひたすら殿のためにという立場から、同僚とも仲よくし、人びとを育成するという大きな誓いを立てたものだ。

そのためか不思議にも、私のいうことは、だれからもよく受け入れられてきた。また、殿のためと考え、家老から足軽にいたるまで、有能な者を数十人、親しい味方にし、私の一言で、ただちに命を投げ出すようにしておいた。

さて、人にたいする意見の仕方で補足するが、相手が少しでも反省して改まったときは、それを育て、思いきりほめてうれしがらせ、「ますます励むように」といってやれば、さらにいっそう努力するものである。

○伊尹――古代中国の伝説的人物。殷《いん》の湯王《とうおう》に再三にわたって請われたため、王を助けて夏《か》の桀王《けつおう》を討ち、太平の基を築いた。ちなみに「先覚者」ということばは、後世の孟子が伊尹のことば（「われは天民の先覚者なり」）として引用したところから由来したもの。

○鍋島光茂（一六三二～一七〇〇）――佐賀藩第二代藩主。第一代勝茂の孫。四歳のとき、父忠直が早世して世継ぎとなった。二十六歳のとき、祖父の死によって家督を継ぐ。和歌を好み、また天下に先んじて殉死を禁止をしたことなどで知られる。山本常朝は小姓時代から側近として仕え、光茂の死によって出家するのである。常朝より二十七歳年長。その死は浅野内匠頭刃傷の前年である。

○殿の名誉をはかろう――大名の死にさいし殉死者が多く出ることは、大名にとってそれだけ名誉の高まることであった。鍋島光茂の執政当時は、すでに殉死禁止令が出ていたが、常朝は追腹《おいばら》に代えて出家することを盟約していたのである。

○新参の成上り者が——藩の体制を整えるため、初期において藩外から技能者が新規採用されたが、これは譜代の家臣にとってはおもしろくないことであった。なかには、せっかく採用されながら藩士の強い反感を買って採用を取り消されたという記録まである。今日でも終身雇用的色彩の強い企業ほど、子飼い組と中途採用者の間がしっくりしないようだ。

上下万民の心入を直し、不忠不義の者一人もこれなく、悉《ことごと》く御用に立て、面々安堵《あんど》仕り候様仕なすべしと、大誓願を起すべし。伊尹が志の如し。大忠節・大慈悲なり。人の癖を直すは、我が癖を直すよりは仕にくきものなり。まづ一人もえせ中を持たず、近付はもとより、見知らぬ人よりも恋ひ忍ばるるやうに仕なすが基《もとい》なり。我が身にても覚えあり。相口の人より云はるる意見はよく請くるなり。さて意見の仕様は応機説法にて、人々のかたぎ次第に、好きの道などより取入りて云ひ様品々あるべし。非を見立てて云ひたる分にては請けぬはずなり。我はよき者になり、人は悪しき者に云ひなしては、何しに悦び申すべきや。

まづ我が非を現し、「何としても直らぬ故、宿願をも懸け置きたり、懇意の事に候間、潜かに意見召され給ひ候様」などといへば、「それは我等も左様にあり」と申し候時、「さらば申合せて直すべし」と云ひて、心によく請け候へば、やがて直るものなり。一念発起すれば、過去久遠劫の罪を滅するもこの心なり。

何程の悪人にても、直さずには置くまじきと思ふべし。不了簡のものほど不憫《ふびん》の事なり。いろいろ工夫して直せば直らぬといふ事なし。ならぬといふは、成し様足らざる故なり。何某子を諸人憎み、かたらぬ生付なれども、祖父以来頼むといはれたる一言故今に捨てず、毎朝仏神に祈誓いたし候。真は天地に通ずるものなれば験《しるし》あるべし。これ我等一生の願なり。人の好かぬ悪人ほど懇意にして通りたり。誰々、諸人請取らぬ者どもなれども、我等一人贔屓《ひいき》して、人に逢ふては、「さてさて、一ふりある秘蔵の者ども、第一は御為なり」と褒め立て候へば、人の心も移り、思ひ直し候。人に少しづつの取柄あるものなり。悪しき所ありとも、取柄を取持ち候へば益に立つなり。

かねがね示し合ひ候者は、「殿は近年の内御他界あるべし。その時拙者追腹の覚悟にて髪を剃り、五六十人のお側の者どもに目を覚まさすべし。不断お叱りにばかり逢ひ、大事の時は身を捨て、損なる事なれども、これこそ真の御被官なれ。日陰奉公の小身者どもが、歴々衆追ひ倒し、御外聞を取る事他事なき儀なり。随分打任せて勤むべし」と申合ひ候。「出来出頭《できしゅっとう》などが、あたまかぶせに、がさつなる事申し候時は打果すべし」と申したる者も候へども、「さてさて取違ひかな、あれは殿の尻拭役なり。しまり潰さるる奴なり。それが目にかからぬか。四五年の内に、殿の御外聞取りて上げ申す大事の御被官が、今かつたゐと棒打ちするものか」と申し候て、差留め申し候。

殿の御為に、諸朋輩入魂致し、人のよくなる様に、為になる様にとの大誓願を起し候。奇特にや、我等が申す事は、いづれもよく請け申され候。また御為と存じ、着座より下足軽までに究竟の者数十人入魂にて手に付け、我等が一言にて忽ち御為に一命を捨て申し候様仕置き候。また人々心入少しも直り候時はそれを育て、随分褒め候て嬉しがらせ、「いよいよよくなり候様に」と申し候へば、進みて直り申すものとなり。

(聞書第二)

## 忠告してくれる人を持とう

世の中には、教訓する人は多いが、教訓をよろこんで聞く人は少ない。まして教訓に従う人はごくわずかである。

また、三十歳すぎにもなると、教訓してくれる人もなくなる。教訓の道がふさがって自分勝手になり、一生その欠陥を持ったまま、愚かさを増し、だめになってしまうのだ。

ぜひとも道理をわきまえた人と近づきになり、その教訓を受けるようにしたいものである。

世に教訓する人は多し、教訓を悦ぶ人は少し。まして教訓に従ふ人は稀《まれ》なり。年三十も越えたる者は、教訓する人もなし。教訓の道ふさがりて、我がままなる故、一生非を重ね、愚を増して、すたるなり。道を知れる人には、なにとぞ馴れ近づきて、教訓を受くべき事なり。

（聞書第一）

# 人の意見を封ずるな

人が意見をいってくれたときは、役に立たないことでも、感謝して受け入れることである。

さもないと、つぎにまたなにか気づいたことがあっても、いってくれなくなってしまうものだ。なんとかして気安く意見をいえるようにしておいて、人に意見をいわせるようにするがよい。

人の意見を申す時は、役に立たぬ事にても、忝《かたじけな》しと深く請合ひ申すべきなり。左様に仕らず候へば、重ねて見付け聞付けたる事をもいはぬものなり。なにとぞ心安く意見をいひよき様に仕なして、人に云はするがよきなり。

（聞書第一）

# 反対給付を求めるな

主君に忠節をつくしたり、友人に親切にしたりするのに、中途半端な気持でやると、かえって害になることがある。

武田信玄の壁書に「忠節心が愚痴となり、愚痴が昂じて謀叛をおこし、謀叛のあげく没落する」と記されているのは、このことをさしているのである。

つまり、ここ一番忠節をつくそうと思って努力したが、主君からほめてもらえず、そのあげく気持がちぐはぐとなり、かえって気まずくなることがある。そして、しだいに愚痴が出て悶々とし、ついに叛逆心が生まれてくるのである。

こうなっては、なまじの忠節が害となり、むしろ忠節心のない者にも劣る結果となろう。

友人にたいする親切も、これと同じである。親切にしてやったのに、それほど感謝もされないと、かえって不愉快になり、非常識なやつだと思ったりして、ついには仲違いしてしまうことがある。これでは、なまじ親切にしないほうがましである。

だから、最初の気持のありようが大切なのだ。

ほうびが出なくても、少しも恨まず、ますます忠節をつくそう。親切にしてやって、礼をいわれるどころか、かえって勘違いして恨まれるようなことがあろうとも、不愉快だなどと思わず、ますます親切をつくしてやろう。このように覚悟すべきである。

どんな場合でも、自分がやったということはわからないよう、人につくしてやることだ。主君にたいしては、蔭《かげ》の奉公をするのが本物である。報いは期待せず、あればあったでよいのである。

このように心得て、仇を恩で返すよう、あくまで陰徳をこころがけ、陽報を考えないことである。

○壁書——壁に貼った掟書《おきてがき》。転じて壁と関係なく。法令、掟をさす場合もある。

主君に忠節、朋輩に懇切など、不部《ふはまり》にしてすれば、却《かえ》つて仇になることあり。この心を信玄の壁書に、「忠節述懐・述懐謀叛・謀叛没落」と書き記され候。一廉《ひとかど》忠節を尽すと思ひて骨折りたる時、主君より褒美もなく、上下行違ひどもにて、却って不調法になどなり候時、やがて述懐、気すさみして逆意出来申候。本来忠節も存ぜざる者は終《つい》に逆意これなく候へば、これには劣りなり。

朋輩への頼母しも同然なり。さして忝《かたじけな》くとも申さぬ時、やがて不気味出来て、物知らずなどと見限り、後には仲違ひになることありて、頼母し致さぬには劣りなり。

されば、最初の部《はま》りが大事なり。御褒美これなき時、少しも恨み奉らず、いよいよ忠節を尽くすべし。頼母しをして、礼謝なく、却って取違へ、遺恨など存ずる人ありとも、少しも不気味に存ぜず、いよいよ頼母しをして人の為になるべしと覚悟すべし。

すべて、人の為になるは我が仕事と知られざる様に、主君へは蔭の奉公が真なり。その返報これある時志感じ候。斯様に心得候て仇を恩にて報じ、陰徳を心がけ、陽報を存ずまじきなりと。

（聞書第十一）

# 裏切られて怒っても始まらぬ

直茂公の側近、藤島生益《ふじしましょうえき》の家に、ある朝早く、鍋島家の祈願所である本庄院の住職が訪ねてきて、袈裟《けさ》に包んだものをさしだした。

「けさ、ご本尊をふき清めようと宝殿《ほうでん》を開きましたところ、お首が落ちておりました。あなたさまから殿にご報告していただかねばならぬと、そのお首も持参いたしました」

生益は、

「お首は殿にご覧ねがうまでもないのでお持ち帰りください。ただ、その次第は私から殿のお耳にいれましょう」

といって登城し、直茂公に報告したところ、公は思いもかけず立腹され、こういわれた。

「おのれ憎い坊主め。わしをだまそうというのだな。獄卒を連れていって拷問し、事実を白状させせよ」

生益は合点がいかず、

「あの和尚は、殿のおためと思って報告にまいりましたのに拷問するとは、いかがなものでございましょう」

すると、直茂公はひどくお叱りになり、

「そのほうにはできないと申すのか。ではほかの者にいいつけよう」

とまでいわれるので、生益はやむなく承知した。

「できないと申しているのではございません。そうまでおっしゃるならば、行ってまいりましょう」

そして獄卒を従えて本庄院におもむいた。住職が出てきたのをとりおさえ、直茂公がたいへんなお腹立ちで、拷問せよとまでいっておられることを伝えると、

「それは迷惑なこと。なんのことやらわかりません」

という。生益は重ねていった。

「出家の身で不浄役人の手にかかり、拷問されてから白状するというのは見苦しいのではないか」

その追及に、住職はようやく白状した。

「申しわけないことをいたしました。じつはご本尊をふき清めているとき、うっかり動かしたので、お首が落ちました。そこでふと思いつき、自然に落ちていたように申し上げれば、お寺を修築していただくことができ、繁栄をはかれるにちがいないと考えたのでございます」

　生益は急いでお城にもどり、ことの次第を報告したところ、直茂公は先刻とはちがってお笑いになった。こんどは生益が気負いたった。

「私をだましたのは許せません。磔《はりつけ》にでもしてやりとうございます。きゃつの身がらを私にくださいますよう」

　直茂公は、ますますお笑いになって、こういわれた。

「その方は、最初に本当だと思ったことが嘘だとわかったから、いま腹を立てているのだろう。わしは初めから悪だくみに気づいていたから、そのときは腹が立ったが、いまはそれほどでもない。

　あの坊主は、かねてから、わしに寺へ立ち寄ってくれと頼んでいたので、先日、一度訪ねてみたのだ。すると吸物を出してくれたが、椀の底に土がついていた。そんないいかげんなことをしながら、頭を地にこすりつけて、『ありがたいことでございます』などといっている。まことにありがたいと思うなら、わしに出す膳にも念を入れた心配りをしなければなるまい。なまぐさ坊主め、許せぬやつと前々から思っていたところへ、あのようなことをいってきたから、おかしいと思ったのだ。しかし、祈願所のことであるから罪一等を減じ、住職をやめさせるだけでよかろう」

生益は、「殿の眼力にはおそれいった」と話していたそうである。生益の孫の清左衛門から聞いた話である。

――馮驩《ふうけん》の教え　この逸話は、人物評価の心がまえを示す「馮驩《ふうけん》の教え」という故事（『史記』）を思い浮かべさせる。中国の戦国時代のことだ。斉《せい》の宰相孟嘗君《もうしょうくん》が自分を裏切った連中に腹を立てたとき、馮驩という男がこれを戒め、相手に甘い考えをもつことの非を説き、人間関係はむしろ突き放して見たほうがまちがいないと進言したのがそれである。これは一見冷やかなようだが、むしろ性悪説による人物評価を根底にふまえ、そのうえに人間関係を構築していったほうが、ゆるぎないものになるということを示すものではないだろうか。

藤島生益《ふじしましょうえき》宅に早朝に本庄院住持参り、「今朝御神体お身拭《みぬぐい》仕るべき為、宝殿を開き候へば、御《み》くし落ち居り申し候。早々申上ぐべき為、御くしも持参仕り候」と、袈裟に包み、差出し申され候。生益申し候は、「御くしは御覧なさるる物にてもこれなく候間、お持帰りなさるべく候。右の段は即ち申上ぐべし」と申し候て、出仕致し申上げ候処、直茂公もっての外御立腹、「さてさて憎き坊主かな。加賀守をだまし申すべくと仕り候や。即ち……ども召連れ、拷問にて有体《ありてい》に言はせ候様に」と仰せられ候。生益、落着き難く、「御為を存じ候て申し候処、拷問仕り候儀は如何」と申上げ候へば、殊の外お叱り、「其方《そのほう》は成るまじく候。余人申付くべし」と仰せられ候に付て、生益申上げ候は、「成り申すまじきにては御座なく候。左様に御意なされ候はば、即ち罷越すべし」と申上げ、牢守織部《ろうもりおりべ》召連れ、罷越し候処、住持出会申され候を手を取り、加州様御立腹、即ち拷問を仰出され候由申し候へば、「さてさて迷惑なる儀合点参らず」と申され候。

生益申し候は、「出家たる者の……の手に渡り候上にて、白状は見苦しくこれあるべく候」と申し候に付、住持申され候は、「然らば、有体申上ぐべく候。お身拭仕り、御神体動き候故、御くし落ち申し候に付、ふと心付き、斯様に申上げ候はば、御造営もなされ、寺も栄え申すべしと存じ候て申上げ候」由、白状仕り候。生益急ぎ罷帰り、白状の通り申上げ候へば、最前に違ひ、お笑ひなされ候。

生益せき上り、「私をだまし申したる遺恨晴しに磔《はりつけ》に懸け申すべく候間、私に下され候様に」と申上げ候。直茂公いよいよお笑ひなされ、「其方は最初実《まこと》と存じ候故、今腹を立て候。我等は謀計の儀を早く察し候に付て、その節は腹立ち候へども、今は左様になし。彼《か》の坊主、この中《うち》、我等社参のたびたびに、寺に立寄り候様にと申し候故、一度寄り候へば、吸物を出し候が、椀の底に土付き居り候。さ候て頭を地に付け、有難きなどと申し候。左様に存じ候はば、我等に据ゑ候膳の心遣こそ入念すべき事に候。売僧《まいす》者すまぬ奴と日頃存じ候が、斯様の事工《たく》み出し候。祈願所の事に候間、ただ住持を代へ候様に」と、仰付けられ候由。生益痛み入り候と物語の由。清左衛門話の由なり。（聞書第三）

## 後継者をねたむ気持

若殿様の才能がすぐれていると、人びとがほめそやす。他の大名や旗本もほめるし、お家に出入りの連中は、殿へのお世辞もあっていっそうほめたたえる。

それがかえって、御父子の関係にひびわれを生じさせる場合がある。

こういう場合、若殿様は一歩引き下り、善くも悪くも、人からあまり評判をたてられないよう、控え目にするのが順当である。そして、そういう配慮がお家長久の基となるのである。

——具体的事実は定かでないが、鍋島藩第三代藩主綱茂は第二代藩主光茂が長く位にあったため、ようやく家督をついだのは、四十四歳になってからであった。この親子の年齢は二十歳ちがうだけであり、その間には微妙なものがあったにちがいない。光茂の側近にあった山本常朝がそれをよみとっていたであろうことは想像に難くない。もちろん鍋島藩においては、別に問題はおきていないが、古来、権力者の親子のあいだに破局を生じた例は少なくない。近代社会においても、親子とはちがった形で、トップとセカンドの関係は微妙なものがある。

若殿様御器量に候へば、諸人褒《ほ》め立て、お大名・お旗本もお褒め、お出入の衆中、殿へ追従にも褒め申し候故、多分、中隔り出来申し候。若殿は随分引取り、善悪の沙汰なき様に、入めなるが順熟にて、家長久の基に候事。（聞書第十一）

# さまざまな人間を使うのが大名

第一代藩主勝茂公は、第二代光茂公に家督を譲って隠居なさったとき、

「側近として使うように」

といわれて、百武伊織《ひゃくたけいおり》、生野織部《いくのおりべ》、岩村新右衛門《いわむらしんうえもん》の三人を推薦された。そして、

「伊織はきわめて懇切丁寧な人間である。織部は気が強く骨身惜しまず勤める人間である。新右衛門は慎重で細かいところまで気のつく人間である。三人三様で、大名の側近としてなくてはならぬ者たちである」

といわれたそうである。


「光茂公のお側に召使はれ候様に」と候て御隠居の時、百武伊織《ひゃくたけいおり》・生野織部《いくのおりべ》・岩村新右衛門《しんうえもん》、この三人遣はされ候。「伊織は物をよく言ひ砕く者なり。織部は情強《こわ》く、雨露きらはず勤むる者なり。新右衛門は物に念を入れ、落ちもなく勤むる者なり。大名の側に持たで叶《かな》はぬ者どもなり」と仰せられ候由。

（聞書第四）

# よい部下を持つには

父山本神右衛門は、いつもこういっていた。

「侍はよい部下を持つことが決め手である。どんなに立派な働きをしようと思っても、自分ひとりで戦うことはできないものである。

金銭は人に借りても間に合うが、人材は急に得られない。平生から、ねんごろに部下を育てておくべきである。

部下を持つには、おのれの口だけで物を食ってはならない。一膳の飯でも分けて部下に食わせる、それでこそよい部下を持つことができるのだ。（中略）

勝茂公が月待ちの回向をなされたとき、寺井〔佐賀県諸富町〕の浜から神水を汲むのに、『神右衛門組の者に汲ませてくれ。彼らなら、いいかげんに岸辺の水でなく深いところにはいって汲んでくるにちがいない』といわれた。このように心を配られるとあっては、気を入れて勤めざるを得まい」

○月待ちの回向――陰暦十三日などの夜、月の出を待って供物をそなえ、飲食する行事。

山本神右衛門（善忠《ぜんちゅう》）かねがね申し候は、「侍は人を持つに極《きま》り候。なにほど御用に立つべくと存じ候ても、一人武辺はされぬものなり。金銀は人に借りてもあるものなり、人は俄《にわか》になきものなり。かねてよく、人を懇《ねんごろ》に扶持すべきなり。人を持つ事は、我が口に物を食ふてはならず、一飯を分けて下人に食はすれば、人は持たるるものなり。（中略）勝茂公お月待ち遊ばされ候時分、寺井のしほゐを取りに遣はされ候。『神右衛門組の者申付け候様に。この者どもは深みに入りて汲むべき者ども』と御意なされ候。斯様にお心付き候ては、志を勤め候はで叶《かな》はざる事なり」（聞書第一）

# 喧嘩の仲裁

人を恨んで訴訟沙汰など起こす者がいるが、扱い方によっては無事におさめることのできる場合も多いものだ。

狭い橋のうえで二人の下郎が出会い、たがいによけようとせず意地を張りあって喧嘩になった。そこへ、大根売りが仲裁にはいり、肩にかついだ天秤棒の先に双方をぶらさげ、ぐるりと回わして通した。――そんなものである。

仲裁のやり方にはいろいろある。仲裁もまた、主君にたいする奉公なのだ。大切な家中の者を、やたらのことで死なせたり、仲違いさせてはならないのである。

先年、自分が京都の藩屋敷に勤務していたときのことだが、私の同僚の牛島源蔵が酒に酔ったあげく、満座のなかで江島正兵衛に手ひどく説教した。これは源蔵の悪い酒ぐせなのである。

翌朝、江島正兵衛は刀を腰にさし、源蔵の長屋へ切りこみをかけようとしたところを、

本村武右衛門が聞きつけ、なだめて引きとらせた。そして武右衛門が私の長屋へきて、

「どうしたものでしょうか」

と相談しているところへ、牛島源蔵がやってきた。源蔵は、

「江島正兵衛はここへきていないか。先刻、わしの長屋へ切りこみをかけてきたそうだが、おろかにも家来どもがわしに知らせなかったのだ。いまそれと知って探しにまいった」

といって、これから江島正兵衛の住いへいくという。そこで私は、彼を引きとめ、

「私が引き受けたから、ひとまず家に戻っていてくれ。私から正兵衛の考えを聞きだし、きっと貴殿に知らせよう」

と言い聞かせて、家に帰した。

そうしておいて正兵衛をよびだし、おしかけたわけをたずねたところ、彼はこういうのであった。

「人が多勢いるなかで私の過ちを数えたて、文句をいわれたのです。あれではご意見とは思われず、私になにか恨みがあって恥をかかそうとされたのにちがいありません。そんな恨みがあるなら率直にいってもらおうと思っておしかけたのです」

そこで私はいってやった。

なるほど、よくわかった。だが、牛島源蔵は貴公に恨みがあっていったのではあるまい。あの男は酔うと人に説教するくせがあるのだ。知ってのように、永山六郎などは酔うと刀を抜くくせがあるだろう。人にはいろいろな酒ぐせがあるものだ。酒のいわせたことを真《ま》に受けて、あげくの果てに大切な家臣が二人も失われるような騒ぎになったらどうする。主君に損をかけ、それが忠節といえるか。貴公も殿の深いご恩顧を受けている者であるからには、ご恩報じを第一に考えてもらいたい。源蔵にいわれたからといって、けっして貴公の恥になることではないのだ。源蔵の気持は、私からよく問い質して、貴公に伝えるとしよう」

そして正兵衛を帰し、一方、源蔵にたいしては、正兵衛の言い分を聞かせてやったところ、源蔵は、

「昨夜は酔ってなにをいったか、自分でもまったく覚えていないのだ。もちろん、正兵衛にたいしていささかも遺恨などあったわけではない」

という。

「では、正兵衛に貴殿のそのことばを伝えよう。正兵衛が上司たる貴殿のところへおしかけようとしたのはけしからぬが、若いための思慮不足ということもあろう。許してやって

ほしい。私から、こんごは注意するように申し聞かせることにする」

私はこういって源蔵を帰し、一方、正兵衛にはよく申し聞かせて、この一件は無事に落着した。

だが、しばらくすると正兵衛は京都在勤の納戸役を辞めたいといいだした。私は再三、彼に翻意を促したが、正兵衛はひそかに北島甚左衛門を通じて佐賀の国もとへ辞任願いを送ったという。正兵衛がそのことを本村武右衛門に打ち明けたのである。これを知った私は、とりあえず武右衛門から甚左衛門に手紙を送って正兵衛の辞任願いを保留しておくように頼むとともに、正兵衛にわけをたずねた。すると正兵衛は、

「どのみち、牛島源蔵殿とうまくいきそうもありませんので、転勤したいのです」

というのであった。

「いや、きっとうまくいく。それは私が保証しよう。それによく考えてみるがいい。いま中途で転勤すれば、酒のうえで源蔵と遺恨を生じて身を退いたとうわさされるだろう。そうなると、貴公も酒飲みのことだから、今後の奉公に障りとなるし、源蔵のためにもならない。しばらく時機を見ることだ」

私はこうさとし、その後も、おりにふれては、「源蔵と親しくするように」とすすめて

やったが、彼は、「私のほうがそのつもりになっても、源蔵殿の気持が解《と》けますまい」というのである。そこで、

「その解かし方を教えてやろう。相手がどうあろうと、貴公が一方的に心にこうときめることだ。すなわち、さてさて申しわけないことをした、よく考えてみると自分が悪かった、ことに上司に無礼をしかけた不始末、このうえはあの人の役職にあるあいだ骨身惜しまず勤めるとしよう。——こう考えれば、その気持はたちまち相手にひびき、やがては意思が疎通するようになるものだ。貴公のほうもかねてから酒ぐせはよくない。このさいすんで禁酒してみたらどうか」

などと、たびたび言い聞かせているうちに、ふと納得し、禁酒したのであった。

そこでおりを見て、正兵衛の気持が変わったことを源蔵に話すと、源蔵はいった。

「いやはや感じいったことだ。わしのほうこそ恥ずかしい。このうえは、わしが在任しているかぎり、彼に不利な扱いはせぬ」

はたして、この両人はほどなく無二の仲となった。

そして、源蔵に転勤命令がきたときは、源蔵の口利きで、正兵衛も転勤したほどであった。やり方によっては、このようになるのである。

意趣遺恨でき、公事沙汰など致す人は、扱ひ様にて事もなく済むものなり。一つ橋にて、奴《やつこ》出会ひ互ひによけず、打果すと候所へ大根売が中に入り、朸《おうご》の先に双方取りつかせ、荷なひ替へて通したる様なるものなり。やり様は、幾筋もある事なり。これまた主君への奉公なり。大事の御家中、めつたに死なせ、不和になしてはならぬ事なり。

先年、京都にて、江島正兵衛を源蔵酒の上りにて、意見を申し候。これが源蔵酒癖にて候。翌朝、正兵衛大小を差し、源蔵長屋に仕懸け申し候を、本村武右衛門聞付け、すかし候て、長屋へ連れ帰り候由にて、武右衛門我等長屋へ参り、「如何《いかが》仕るべきや」と申し候なかば、源蔵参り、「正兵衛は居り申さず候や。先程あの方へ事々しく仕懸け参り候由、たはけたる家来ども拙者へ申し聞けず、唯今聞付け参りたり」と申し候て、正兵衛小屋へ参るべくと仕り候を差留め、「まづ帰らるべく候。我等請取り候間、正兵衛所存聞届け、知らせ申すべき」由申し聞け、帰し申し候。

さ候て、正兵衛を呼び、承り候へば、「諸人の中にて誤を数へ立て、意見を申され候は、意見とは存ぜず、意趣ありて恥をかかせ申さるる儀かと存じ候。意趣直《じき》に承るべくと存じ、仕懸け候」由申し候。某《それがし》申し候は、「もつとものの事なり。さりながら、源蔵遺恨あるまじく候。意見が酒癖にて候。永山六郎は、抜くが酒癖にて候。癖は色々あるものにて、酒の云ひたる事を実に取持ち、大事の御家来二人打果し、主人に損とらせ、どこが忠節にてこれあるべきや。其方《そなた》も御重恩の人に候へば、何卒《なにとぞ》御恩を報ずべきとこそ存ぜらるべく候へ。かつて恥になる事にてこれなく候。源蔵心底《しんそこ》、我等聞合せ申し達すべし」と申し候て帰し、源蔵へ、「斯様々々」と申し候へば、「前夜申し候事、かつて覚え申さず候。もとより遺恨少しもこれなし」と申し候に付、「さらば、正兵衛にその旨申し聞け、頭人《とうにん》に向ひ事々しく仕懸け候事は不届に候へども、年若にて不了簡もこれあるべく候。向後嗜《たしな》み候様に申し聞かすべし」と申し候て帰らせ、正兵衛に申し聞け、何の事もなく候。

その上にて、正兵衛納戸役断り申し候に付、我等頻《しき》りに差留め候処、潜かに北島甚左衛門へ相頼みお国元へ断り申し遣はし候由、武右衛門へ申し聞け候に付、武右衛門より申し遣はし、甚左衛門手元を差留め、正兵衛に右の通り申し達し候へば、「いづれ仲好くはあるまじく候間、代り申すべし」と申し候。それに付、「仲好くなり候事は、我等請取り申し候。まづ了簡して見られ候へ。半途に代り申され候節は源蔵と酒事の上にて遺恨出来、下り申され候と沙汰これあり候時は、其方も酒飲みにて候へば、奉公の障《さわ》りになり、源蔵ためにも罷《まかり》成らず候。暫く時節を待ち申され候様に」と申し宥《なだ》め、寄々に、「源蔵と無二の仲になり候へ」と申し候へば、「我等左様に存じ候ても、源蔵殿心解け申すまじく候」と申し候。

「その解かし様相伝へ申すべく候。向には構はず、其方心計りに、さてさて痛み入りたる事かな、よく顧み候へば我等に誤あり、殊に頭人に無礼を仕懸け不調法、この上は彼方役中には粉骨に勤むべくと存ぜられ候へば、その心忽ち向に感通し、そのまま仲好くなる事に候。其方も酒癖あり、我が非を知つて禁酒して見られ候へ」と節々申し候に付、不図得心《とくしん》いたし、禁酒仕り候。

その後正兵衛心入、源蔵に話し候へば、「さてさて感じ入りたる事、痛み入り、恥かしき仕合せ、この上は我が役中には加へ申すまじく」と無二の仲になり、源蔵代り申し来り候節、源蔵より申し遣はし、正兵衛も代り申し候。仕様により、斯様になる事に候。

（聞書第二）

## 説教もほどほどに

よいことでも度がすぎるのはよくない。議論、説法、教訓なども、いいすぎると害になるものである。

よき事も過ぐるは悪し。談義・説法・教訓なども、言ひ過ごせば、害になり候となり。

（聞書第二）

# 諫言の仕方

諫言《かんげん》は仕方が肝腎である。

あまりにも完全無欠であることを期待して申し上げると、うけいれられるどころか、かえって害になるものだ。「趣味娯楽などは、どのようになさってもかまいません。民百姓が安楽に暮らし、家臣が心から奉公できるようにということさえ念じておられるならば、下々のほうから進んでお役に立ちたいと思うようになり、ひいては国は治まるものです。これはとくにお骨の折れることではありません」などと申上げれば納得していただけるだろう。

諫言や意見は、和の気持で、じっくりと話しあうつもりでなければ効きめがない。かどばった言い方などしたのでは衝突してしまい、簡単なことでも直せないものである。

諫言の仕様が第一なり。何もかもお揃ひなされ候様にと存じ候て申上げ候へば、お用ひなされず、かへって害になるなり。お慰みの事などは如何様に遊ばされ候ても苦しからず候。下々《しもじも》安穏に御座候様に、御家中のもの御奉公に進み申し候様にと思召され候へば、下より御用に立ちたくと存じ候に付て、御国家治まる儀に候。これは御苦労になり申す事にてもこれなく候と申上げ候はば、御得心遊ばさるべく候。諫言意見は和の道、熟談にてなければ用に立たず、吃《きつ》としたる申し分などにては当り合ひになりて、安き事も直らぬものなり。

（聞書第一）

## 神代《くましろ》三左衛門の諫言

鍋島吉茂公〔第四代藩主〕はお若い時分、手荒なふるまいが多かった。

側近のなかに気にいらない者がいたところ、扇子にその者の女房の悪口をあれこれ書きつけ、ほかの近侍に、

「これを見せ、やつがどうするかを聞かせよ」

といいつけた。

そこで当人に見せたところ、その者はだれが書いたとも知らずに、扇を引き裂いてしまった。それを近侍がそのまま報告したので、吉茂公は激怒していわれた。

「主人の書いたものを引き裂くとは無礼なやつ。切腹だ」

そこで、老臣神代《くましろ》三左衛門がまかり出て、いろいろご意見したが、さっぱり聞きいれるようすがない。三左衛門は、若殿の足もとにすがりつき、涙を流して申し上げた。

「これきりならば仰せにも従いましょうが、お心が改まらないかぎり、こんごもこうした

ことがつづきましょう。私は十分長生きしてきましたから、ここでお手討ちにしていただきます。これ以上生きながらえて、かようなことばかり見聞きしたのでは、生きるかいもありませぬ。私をお手討ちになさったならば、少しは考え直されることもございましょう。どうぞお手討ちに」

若殿はたじろいで、

「いかにもそのとおりであった。その方にいわれて、私は目が覚めた。切腹はとりけそう。こんごはけっして死罪など命じないことにする」

といわれた。三左衛門は、

「たしかに、さよう思い直されましたか」

と念をおして退出した。これいらい、若殿は慈悲のお心を持つようになられたという。

神代《くましろ》三左衛門御意見申上げ候事　右兵衛様お年若の時分は物ごと手荒く御座なされ候。お側《そば》にお気に入らざるもの居り申し候に、その者の女房の事を様々悪口を扇にお書きなされ、余の者に仰付けられ、「これを見せ、彼者が仕様を聞かせよ」と仰付けられ候。

彼者に見せ候へば、誰が仕りたるとも存ぜず、扇を引きさき申し候。この事を、まつすぐに申上げ候へば、「主人の書きたる物を引きさき、無作法者、切腹」と仰出され候。

その時三左衛門罷《まかり》出で、色々御意見申上げ候へども、曾て御納得遊ばさるべき様子にこれなく候。三左衛門申上げ候は、「これぱかりにて候はば仰せにも従ひ申すべく候へども、お心直り遊ばされず候はば、以後まで斯くの如き事、絶え申すまじく候。最早《もはや》よき頃まで生き申し候間、唯今お手打に逢ひ申すべく候。ながらへ候て斯様の事ばかり見聞き候ては、生きたる甲斐も御座なく候。私をお手打なされ候はば少しは思召し直さるる事も御座あるべく候。平にお手打」と、はひかかり涙を流し申上げ候に付て、ひしとお行詰りなされ、「さてさてもつとも至極の事、汝が志にて我が心忽ち直りたり。即ち助けよ、以後にも死罪申付くまじ」と御意なされ候。

「しかと左様に思召し直され候や」とお言葉をかため、引取り申し候由。此の後、御慈悲心お出来なされ候由。

（聞書第七）

# 諫言と人間関係

主君に諫言しなければならないとき、自分がそれにふさわしい地位でないならば、しかるべき地位を占めている人にいわせて、主君の過ちを直すようにするのが真の忠義である。

このためつごうがよいように、日常から多くの上司と人間関係をよくしておくことである。自分のために重役や側近に近づくのであったなら、それは追従《ついしょう》ということになるが、これは、そうではなくて、自分がお家を背負って立つという気持からすることなのである。そう決心してやればうまくいくものだ。

諫言の道に、我その位にあらずば、その位の人に言はせて、お誤直る様にするが大忠なり。この階《きざはし》の為に諸人と懇意する所なり。我が為にすれば追従なり。一方は我等荷なひ申す心入からなり。なるほどなるものなり。

（聞書第一）

# 訪問の心得

人を訪問するときは、まえもって連絡してから行くのがよい。相手にどんな用事があるかもしれず、主人の気がせいているときに訪ねたのでは、おもしろくないものだ。

だいたい、招かれなければやたらに人を訪問しないにこしたことはない。本当に心を許せる友人というのは少ないものだ。招かれても、それなりの心得が必要である。

久々に会うからこそ、じっくりと語りあえるのである。遊びごとでの集まりは、とかく失敗が多い。

また、わざわざ訪ねてくる人には、たといめんどうであろうとも無愛想にしてはならないのである。

何方《いずかた》へ話などに行くには、前方《まえかた》申し通じてより行きたがるがよし。何分の隙入《ひまいり》有るべきも知れず、亭主の心懸りの所へ行きては無興のものなり。すべて呼ばれねば、行かぬに如《し》くはなし。心の友は稀《まれ》なるものなり。呼ばれても、心持入るべし。稀の参会ならでは、しまぬものなり。慰《なぐさみ》講《こう》は失多きものなり。また問ひ来る人に、たとひ隙入るとも不会釈すまじき事なり。

（聞書第二）

# 挨拶の仕方

私がさるお屋敷にうかがって主人と話をしていたとき、あとから坊さんが訪ねてきた。主人は上座にいたのだが、末座に下ってひととおりの挨拶をし、それから元の座にもどられた。

これが、かねがね私のいっている礼儀のけじめというものである。

ある方にて話半ば、出家見舞あり。上座にて候が、即ち末座に下り、一通りの礼儀あり。その後は常の通りなり。かねて教訓の礼儀の所なり。

（聞書第二）

# あくびの止め方

人まえであくびをするのは、いかにも不作法である。思わずあくびが出そうになったときは、額をなであげれば止まるものである。さもなければ、唇を舌でなめて口を開かず、また襟の内袖でかくしたり手でおおうなどして、人にわからぬようにすることだ。くしゃみも同様である。阿呆づらに見えるものだ。そのほかにも、心がけて作法を守らなければならない。

人中《ひとなか》にて欠伸《あくび》仕り候事、不嗜《ふたしなみ》なる事にて候。ふと欠伸出で候時は、額撫《ひたい》で上げ候へば止み申し候。さなくば舌にて唇をねぶり、口を開かず、また襟の内袖をかけ、手を当てなどして知れぬ様に仕るべき事に候。くさめも同然にて候。阿呆気に見え候。この外にも心を付け嗜《たしな》むべき事なり。

（聞書第一）

# 接待する気持

客人をもてなすには、座敷のもよう、道具、器《うつわ》の類まで新しくし、とくに準備して、その客のために初めて使うのが本当のご馳走というものである。

その趣旨にのっとって、いろいろなやり方がある。障子を張り替え、手洗いの手ぬぐいや柄杓《ひしゃく》なども新しいものを出し、枕を包みなおし、煙管《きせる》を掃除し、灰吹きを新しい竹でこしらえたりするのである。料理の品にも、その人のためにとくに用意したものを加えるべきである。当座漬けの香の物などがそれである。以上は、ある風流人から聞いたことだ。

客人の取持には、座敷、器物まで新しく、わざと用意して、初めてその客にひらくが馳走なり。その畢竟《ひっきょう》にて、だんだん次第あるなり。その客のために障子を張り替へ、手拭、柄杓など新しきを出し、枕を包み、煙管を改め、灰吹を新竹に拵へなどするなり。料理の内にも、その人のためにわざと用意したる物を出すべきなり。当座漬の香の物などなり。数寄者の話なり。

（聞書第十）

## くどくど話すのは裏がある証拠

たいしたことでもないのに、念をおして繰り返す人は、きっとその裏になにか思惑《おもわく》があるものだ。それをまぎらわすために、なんとなく、くどくどと話すのである。よく聞いていれば、おかしいなと気がつくものだ。

――古代中国の「孫子の兵法」に、「敵の内情を判断する法」の一つとして「諄々《じゅんじゅん》翕々《きゅうきゅう》トシテ徐《おもむろ》ニ人ト言《かた》ル者ハ衆ヲ失エルナリ」（行軍篇）とある。長が部下にくどくどと言ったり馴れ馴れしくするのは、人心を失っている証拠だ、という。

さもなきことを、念を入れて委《くわ》しく語る人には、多分その裏に、申し分があるものなり。それを紛らかし隠さんために、何となく繰立てて語る事なり。それは、聞くと胸に不審が立つものなり。（聞書第二）

# 口はわざわいのもと

世上、さしさわりのありそうなことは、はじめから口にしないことだ。発言には気をつけなければならない。

とかくめんどうな事件などあるときは、だれでもそわそわして、ついうかうかとうわさ話に熱中しがちである。これはやめたがよい。へたをすれば軽薄な饒舌《じょうぜつ》の徒ということになるか、そうでなくても口のためにつまらぬことで敵をつくり、遺恨なども生ずるのである。世間にごたごたがあるときは、外出を控え、歌など作っているのがよいのである。

当時の差合ひになりさうなる事を言はぬものなり。気を付け申すべきなり。世上に、何かと、むつかしき事などこれある時は、皆人浮き立つて覚え知らずに、その事のみ沙汰する事あり。無用の事なり。わろくすれば、口引張りになるか、さなくても、口故に入らざる事に敵を持ち、遺恨出来るなり。左様の時は他出を止め、歌など案じて居たるがよく候由。（聞書第二）

# 一言がものをいう

災難や事件にぶつかったとき、一言がものをいう。よいことがあったときも、一言がものをいう。日常の挨拶でも、同様である。

その一言をよほど考えていわねばならぬ。それによって引き締まってくるものである。決り手となる一言を吐くには、しっかりと自信を持っていわねばならぬ。また、なにをどういうか、精神を集中し、事前に心がけておくことである。

これは簡単には説明しにくい。すべて心の働きである。心得のある人でなければ分からないことであろう。

大難大変の時も一言なり。仕合せよき時も一言なり。当座の挨拶話の内も一言なり。工夫して云ふべき事なり。ひつかりとするものなり。確に覚えあり。精気を尽し、かねがね心がくべき事なり。これは、めつたに話しにくき事なり。皆心の仕事なり。心に覚えたる人ならでは知るまじとなり。（聞書第二）

# 見舞いのことば

不幸な目にあった人を訪ねるときは、見舞いの一言が大切である。その一言で、人の心が知れるものである。

意気銷沈し、くたびれているような態度は、武士としてふさわしくない。つねに積極的で、なにものにもへこたれず、前向きに対処するという気持がなければ、武士として役に立たない。その気持があれば、相手を元気づけてやることもできるのである。

人の難に逢たる折、見舞に行きて一言が大事のものなり。その人の胸中が知るるものなり。兎角《とにかく》武士はしほたれ、草臥《くたぶ》るるは疵なり。勇み進みて、物に勝ち浮ぶ心にてなければ、用に立たざるなり。人をも引立つる事これあるなり。

（聞書第一）

## ことばの使い方

勝茂公が、「鷹師の某は役に立つ者か」と、物頭《ものがしら》にたずねられたことがある。そのおり、物頭が、

「あの者は行ないが悪く、なんの役にも立ちませんが、鷹を使うことにかけては無類のわざをもっております」

と答えたところ、その鷹師はほうびを与えられた。

その後、公はまた別の鷹師のことをたずねられた。そこで物頭が、

「鷹を使うことにかけては無類のわざをもっておりますが、行ないが悪く、なんの役にも立ちません」

と答えたところ、その鷹師はたちまちお払いばこになったという。

――「近接効果」と「初頭効果」　山本常朝はこの逸話を紹介しただけで、なんの論評も加えていないが、もとより勝茂がおろかだったというつもりではなく、同じことでも言

い方によって、まるで反対の結果になるという例証として述べたのであろう。

最後にいったことばが、相手にもっとも強い印象を与える。これを「近接効果」という。いろいろな形容詞や条件を並べたてても、聞き手の耳には残らず、最後のところだけがひびくのである。

これにたいし、前出の二つの篇のように、最初の一言を有効にするのを「初頭効果」という。この場合は、もっとも伝えたいことを、短く、端的にいうのがよい。効果的な話し方をするには、「近接効果」と「初頭効果」をうまく使い分ける必要がある。

勝茂公、「お鷹師何某は、用に立つ者にて候や」と、頭人《とうにん》にお尋ね遊ばされ候。そのお請けに、「右の者は、不行跡者にて何の役にも立ち申さず候へども、お鷹一通りは無類の上手にて候」と申上げ候に付て、即ち御褒美下され候。その後、また一人のお鷹師の儀をお尋ね遊ばされ候。お請けに、「お鷹一通りは無類の上手に候へども、不行跡者にて何の役にも立ち申さず候」と申上げ候に付て、即ちお払いなされ候由。金丸氏話なり。

（聞書第四）

## 言い方ひとつで

光茂公は、他人の悪口をひどく嫌われた。呼びつけた者が来るのが遅れたようなとき、

「彼はまだ来ないか」

とおたずねになったのにたいし、

「まだまいりません」

などと答えると、

「同僚をおとしいれる気持があるのであろう」

といわれるのであった。そこで、一同はこういうとき、

「どうしたのか見てまいりましょう」

といって席を立ち、催促の使いを出すのがつねであった。また、「こんな不始末はだれがしたのか」といわれたときも、だれということは申し上げなかった。

総じて讒人《ざんにん》を深くお嫌ひ遊ばされ候。召させられ候人など、延引の時分、「何某は未だ罷《まかり》出でず候や」とお尋ね候節、「未だ罷出で申さず候」と申上げ候へば、「朋輩を倒し申す心入の者なり」と仰せられ候に付て、出仕延引の時も、「何と御座候や、見合ひ申すべく候」と申し候て、御前を立ち、使など遣はし候由。また、「斯様の不調法何某仕り候や」と御意の時も、誰と申し候儀これなき由。（聞書第五）

# 口上の色気

小早川隆景《こばやかわたかかげ》があるとき、さる筋へめんどうな申入れを行なうため使者を派遣することになった。隆景は、これに先立ってその使者を佐賀へさしむけ、鍋島直茂公に、「申入れの口上についてお教えいただきたい」と頼んだ。直茂公はお会いになって、使者の口からその口上を聞かれると、こういわれた。

「口上の内容自体は申し分ないと思う。ただし、この口上は、言い方に色気が必要であろう。能楽にしろ琵琶にしろ、上手なのを聞くと泣かされてしまう。下手なのは、文句や節回しは同じでも、色気がないゆえ、さっぱり涙が出ない。これは、口上を申しのべるさいの、その方の心得というものじゃ」

使者はたいそう感謝して帰ったということである。

○小早川隆景（一五三二〜一五九七）――毛利元就《もうりもとなり》の三男。戦国時代後期、強力な水軍によって中国地方に勢力をきずき、秀吉と和議を結んで、天正十三年、伊予国を与えられ、ついで筑前・筑後・肥前（一部）に移封、朝鮮の役では、碧蹄館《へきていかん》で明《みん》の大軍を破ったことが有名である。秀吉より一年早く死去した。

小早川隆景より、何方へ使者を以て事むつかしき口上申遣はされ候に付て、直茂公へ、「口上御指南下され候様に」と、右使者を佐賀へ遣はされ候。御面談にて口上聞召《きこしめ》され、仰せられ候は、「御口上に申す処少しもこれなく候。ただし、これは、言葉の色の入る口上にて候。総じて舞・平家なども上手のを聞いては落涙に及び候。下手のも同じ文字節にて候へども、涙出で申さず候。これはお手前心得の為申し候」由、御意成され候へば、右の使者、有難き由感じ奉り、罷帰り候由なり。（聞書第三）

## 訴状の読み上げ方

羽室《はむろ》権右衛門は、幕府の与力であったが、女房がお春様〔光茂の三女〕へ乳をさし上げたのが縁で鍋島家へ出入りし、その後、公儀へ願ってわが藩の家臣として召し抱えられた者である。

その権右衛門の打ち明けた話であるが、幕府の評定所における訴状の読み上げ方は、抑揚をつけず淡々と読むのだそうである。調子をつけて読むと、評定のお役人たちの耳に入りやすく、中正な判断を誤らせるからだという。

羽室権右衛門目安読み候物語の事　権右衛門は、公儀与力にて候を、女房、お春様へ乳を上げ申し候に付てお出入仕り、その後相願ひ、御家来に罷成り候。権右衛門話に、公儀御評定所にて目安の読様《よみよう》、節調子なしに、ぬらりと読み申し候。調子よく読み候へば、御役員方能くお聞取り候に付て、依怙《えこ》出来申すとの吟味の由。(聞書第八)

## 口論のコツ

口論のコツは、なるほどもっともだと折れて見せ、相手に全部いわせることだ。そして相手が図に乗っていいすぎたとき、弱みを見つけて反撃し、存分にいってのけることである。

口論の時心持の事　随分もつともと折れて見せ、向ふに言葉を尽くさせ、勝ちに乗つて過言をする時、弱みを見て取つて返し、思ふほど言ふべし。

（聞書第十一）

## 議論で相手の上手をとるには

議論したり、世間の話を聞くとき、人のいうことをもっともだと聞くだけで、それと同じ次元で考えていたのでは、相手の上をゆく理屈は見出せない。

人が「黒い」といったならば、「黒いはずはない、白いはずだ、白いという理屈があるにちがいない」と、まったく異なった次元で考えてみれば、相手の上をゆく理屈が見出せるものである。

こういうところに着眼しなければ、人の上手をとることはできない。

さて、相手の上をいく理屈を見つけたら、そのつぎは言い方に工夫がいる。その場でいうことのできる相手だったら、相手が受け入れやすいようにいってやることである。いうことのできない相手だったら、その場はさしさわりのないよう受け答えしながら、心の中でその道理をよく整理しておくのがよい。

これが議論で相手に勝つ方法である。

何某が離縁話で相手をやりこめたのはこの方法だが、その詳細を記録するのはふさわしくないから、ここだけの話にしておく。

要するに、このやり方は堂々と相手の優位に立つことであって、相手のいうことを、へんに勘ぐったり、邪推したり、あれこれ疑ってみたりするのとは、まったく異なるのである。

詮議事または世間の話を聞く時も、その理もつともとばかり思ひて、そのあたりにぐどついては立越えたる理が見えず。人が黒きと云はば黒きはずではなし、白きはずなり、白き理があるべしと、その事の上に理を付けて、案じて見れば、一段立ち上りたる理が見ゆるものなり。斯様に眼を付けねば、上手取ることはならず。

さてその座にて云ふべき相手ならば、障《さわ》らぬ様に云ふべし。云はれぬ相手ならば、障らぬ様に取合ひして心にはその理を見出して置きたがるがよし。人に越えたる理の見ゆる仕様は斯くの如きなり。何某縁辺切の事、口達。わる推量・裏廻り、物疑ひなどとは違ひ候なり。

（聞書第二）

# 五　「勤め」の工夫

封建制下の「奉公」と、資本主義体制下の「勤め」とが、同一に論じられるべきものでないことはいうまでもない。後者の目で前者を見ることも、前者を後者に逆導入しようとすることも、ともに見当ちがいであろう。だがそれにもかかわらず、ここに少なからぬ類似点があることも事実である。所詮《しょせん》、人間の営みとは……。

## 奉公と川渡り

ある出家のことばであるが、深いか浅いかもたしかめずに、うっかり川を渡ろうとすれば、向う岸へ着かず、目的も果たせずに、溺れ死ぬおそれがある。

奉公もこれと似ている。

時の流れや主君の好き嫌いなどを理解せず、考えなしにただ勤めに熱中したところで、有効な働きもできず、失敗してしまうにちがいない。といって、ただ気に入られることばかり考えて奉公するのも見苦しいものである。

まず立ち止まって、浅いか深いかをたしかめ、主君の嫌うようなことはしないように心がけるのがよかろう。

――「川を渡る」という比喩《ひゆ》は、今日ではそれほどでないが、当時は、きわめて実感があったにちがいない。幹線道路である東海道ですら、軍事上の理由からほとんど橋がなく、六郷川《ろくごう》、馬入川《ばにゅう》、富士川、天龍川は渡船、酒匂川《さかわ》、興津川《おきつ》、安倍川《あべ》、大井川は徒歩であった。状況をよく見きわめずに渡れば、事実、命を失うのである。それを奉公と比べたのはおもしろい。「ある出家のことば」としているが、ひょっとして、これは山本常朝自身の勤めを通じての苦い体験かもしれない。

今日の比喩でいえば、「主観的にいくらがんばってもだめさ。交通信号を見ないで交差点を渡るようなものだよ」ということにもなろうか。

ある出家申され候は、淵瀬も知らぬ川をうかと渡り候ては向へも届かず、用事も済まず、流れ死も仕る事に候。時代の風俗、主君の好嫌をも合点なく、無分別に奉公に乗気などさし候はば、御用にも立たず、身を亡し候事これあるべく候。御意に入るべくと仕るは、見苦しきものに候。先づ引取りて、ちと淵瀬をも心得候て、お嫌ひなさるる事を仕らざる様、仕るべきことと存じ候由。（聞書第二）

# 有力者に近づけ

殿の側近にいる有力者とは親しくしておくべきである。
ただし、これを自分のためにすれば、追従《ついしょう》ということになる。そうではなく、なにか殿に意見を具申しなければならないときのために道を作っておくのである。
だから、いかに有力者であっても忠誠心のない人物であったならば、近づく必要はないのである。すべてみな主君のためにするのである。

御前近き出頭人には親しく仕るべき事なり。我が為にすれば追従なり。何ぞ申上げたき事ある時の階《かけはし》なり。もつともその人忠義の志なき人ならば無用なり。何事も皆主人の御為なり。

（聞書第一）

## 二条城玄関前の田舎《いなか》侍

寛永十一年〔一六三四〕、将軍家光公の上洛にさいし、鍋島勝茂公がお供されたときのことである。

勝茂公の宿舎へ、若年寄永井信濃守殿から書状がきたので、返書をとどける使いを家臣の相浦源左衛門に仰せつけられた。

源左衛門は信濃守殿の宿へ返書を持参したところ、信濃守殿は登城されているとのことであった。源左衛門は初めてのお供だったので公儀のしきたりもわからず、その足で二条城へ直接持参し、正面玄関にはいっていこうとした。

それを番卒が見とがめた。

「とんでもないやつだ。引っ捕えよ」

たちまち、番卒たちが棒をふりあげてとりかこむ。源左衛門は壁をうしろにして膝を折り、書状をとり出していった。

「お待ちください。私の申し上げることを、お聞きください」

そのせっぱつまったようすに番卒たちもたじろいだとき、たまたま岡部丹波守殿〔勝茂夫人高源院の弟〕が奥から出てこられ、玄関先の騒々しいわけを聞かれた。源左衛門が、

「私は鍋島勝茂公の家来でございます。永井信濃守様へ書状を持参いたしました」

というので、丹波守殿は、

「鍋島家の家来ならば私を知っているだろう」

といわれた。「いっこう存じません」と源左衛門が答えると、丹波守殿は苦笑してこういわれた。

「この者は勤めたばかりで事情にうとい者と思われる。その証拠に、鍋島家臣でありながら、私を知らないという。御門番の衆、お引きとり願おう。私が引き受け申した」

番卒はにくにくしそうに源左衛門をにらみつけながら引き下った。

さて、丹波守殿が、

「その書状を私に渡すがよい。返書をもらってやろう」

といわれたが、源左衛門はいいはった。

「私は命がけでございます。存じ上げない方に書状をお渡しするわけにはまいりません」

「もっともである。しかし、その方こそ私は見知らぬな。私は勝茂殿夫人の弟岡部丹波守である。心配ないから書状を渡すがよい」

源左衛門はそこでようやく書状を丹波守殿にお渡しし、やがて丹波守殿が返書を持ってこられたのを受けとって退出したのであった。

その夜、丹波守殿が勝茂公の宿舎を訪ねて、このいきさつを話され、

「源左衛門というのはなかなかの人物です。お目をかけて召し使われますよう」

とほめておかれたので、お叱りもなく、その後、しだいに昇進を仰せつけられたのである。


――ビジネスの世界などでも、熟達してマンネリズム化したベテランより、ういういしい新人の体当りの熱意がかえって相手を動かしたといった例が少なくない。京都二条城の門前に世なれぬ鍋島侍が緊張してはいってゆくさまが彷彿《ほうふつ》とするではないか。

相浦源左衛門御使者勤めの事　寛永十一年家光公御上洛《じょうらく》の時、勝茂公御供遊ばされ候。御旅宿へ、若御年寄衆永井信濃守殿より御状参り候に付、御返書御使相浦源左衛門仰付けられ候。信濃守殿御使御旅宿へ持参候処、御登城の由、取次ぎ申し候。源左衛門儀初めて御供罷登り、公儀不案内にて、二条御城へ持ち参り、お玄関前まで参り候。

御番衆見咎《みとが》め、「うろたへ者と相見え候。捕へ候様に」と候に付て、棒突立ち上り、棒を当て申すべくと仕り候。源左衛門壁をうしろに当てて蹲《うずくま》り、御状取出し、「お静まりなされ候へ。申上ぐべき仔細御座候」と。その風情尋常《じんじょう》ならず、棒突も猶予《ゆうよ》仕り候時分、岡部丹波守殿不図《はからず》奥よりお出で、お玄関騒ぎ候に付て御見分候へば、源左衛門申し候は、「某《それがし》は鍋島信濃守家来にて御座候。永井信濃守様へ書状持参仕り候」と申す。丹波守殿お聞き、「鍋島家来にて候はば、我等を見知り申し候や」と仰せられ候。曾て見知り申さざる由申し候。

丹波守殿も不興なされ、「この人初めて勤めの不案内者と相見え候。鍋島家来にて我等を見知り申さざるが証拠にて候。御番衆お静まりなさるべく候。我等請取り申し候」と御申し候に付て、右の御当番源左衛門をにくげに見て歯がみし、にらみにらみ立退きたり。

さて、「その書状を此方へ相渡し候へ。返書を取らせ遣はすべし」と御申し候。源左衛門承り、「私この場の難儀、一命に懸り候。書状を見知り申さざるお方に相渡し候儀罷成らざる」由、申し候。丹波守殿お聞き、「もつともにて候。さりながら其方《そのほう》こそ見知り申さず候。我等は信濃守殿妻室の弟岡部丹波守なり。苦しからず候間、書状遣はし候へ」と御申し候に付相渡し候処、追付け返書お持出で、相渡され候を請取り、罷帰り候。

晩方に、丹波守此方御旅宿へお出で、右の次第御物語り、「源左衛門働き比類なき器量者にて候。お目に懸けられ、召使はれ候様に」と御褒美にて候故、お叱りもこれなく、その後だんだん立身仰付けられ候なり。（聞書第九）

## 三つの禁物

「奉公人にとっての禁物はなにか」といえば、大酒、慢心、贅沢であろう。

ふしあわせのときは心配ない。少し運がよくなってきたときに、この三つが危ないのである。よく世間には、そういう人物がいるものだ。地位が上るにつれてだんだんいい気になり、慢心や贅沢が出てくるのは、まことに見苦しい。

だから人間は苦労した者でないと根性がすわらないのである。若いうちは、むしろ恵まれないほうがいい。恵まれないときに挫折してしまうような者は役に立たないのである。

「奉公人の禁物は、何事にて候はんや」と尋ね候へば、大酒・自慢・奢りなるべし。不仕合せの時は気遣いなし。ちと仕合せよき時分、この三箇条あぶなきものなり。人の上を見給へ、やがて乗気さし、自慢・奢りが付きて散々見苦しく候。それゆゑ、人は苦を見たるものならでは根性すわらず、若きうちには随分不仕合せなるがよし。不仕合せの時草臥《くたぶ》るる者は、益《やく》に立たざるなりと。

（聞書第二）

## 治にいて乱を忘れず

父神右衛門はわらじを作るのが上手であった。自分の組の部下を採用するときも、「その方は、わらじが作れるか。この細工ができない者は足を持たないのと同じだ」といっていたほどである。

また城下から一里でも離れるときは、一人一升ずつの兵糧米を袋に入れて携帯させた。いざというときに、出先からそのまま出陣するためであった。当面、一升ずつの米があれば、あとはおいおい調えられる。そのため浅黄木綿の袋を数多く作っておいたのである。

さて、戦で、第一に用意すべきものは履き物である。

太閤様は、朝鮮の役にさいし肥前名護屋の本営に下向されたが、そのさい朱鞘の大小に半わらじ〔かかとのないもの〕をぶらさげて、佐賀の高木街道をとおられたという。

また、家康公が家中の騎馬武者を太閤様の観閲に供したとき、成瀬隼人正《はやとのしょう》は、刀の鞘に赤い沓《くつ》をかけていたそうである。

現在でも、長崎防備のため出動というようなときには、多勢の人びとがそれを必要とするから、藩内の沓、わらじは姿を消してしまう。平生から心がけて用意しておくべきことだが、やはり自分で作ることを覚えておかなければならない。

ちなみに、草原《くさはら》、山道、川中などでは、わらじはすべるので、半わらじがよいようである。

前神右衛門（法名善忠）は沓草鞋《くつわらじ》作り候事上手にて候。組被官抱《かか》へ候時も、「草鞋作り候や、この細工成らざる者は足もたずなり」と申し候。また一里外へは、一人一升づつの兵糧を袋に入れ、付けさせ候。向より直ちに出陣の仕組なり。まづ、一升づつさへあれば、その内に才覚成り申し候。それ故、浅黄木綿の袋数多作り置き候。太閤様名護屋御下向の時、朱鞘の御大小に足半《あしなか》をお懸け候て、高木上道お通り候。また家康公の御家中の騎馬を太閤様へお目に懸けられ候時、成瀬小吉紅《あか》の沓を鞘にかけ候由なり。軍中にて第一の用意なり。今にても長崎立と申し候時、上下の数万人の用に立ち候について、沓草鞋一束もあるまじく候。されば、かねて心にかけ用意あるべき事なり。もつとも作り習ひ候はで叶《かな》はざる儀なり。芝原・山道・川中などにて、草鞋はすべり候。足半よく候となり。

（聞書第二）

# 生きながら鬼神となれ

このごろの奉公人を見ると、目のつけどころがひどく低俗である。まるですりのような目つきをしているのである。

おそらく、あまりにも欲得ずくであったり、利口ぶっていたりするためであろう。あるいは少しは腹がすわっている者かと思うと、ただかっこうをつけているだけだったりする。

わが身を主君にささげ、生きながら鬼神となって、たえず主君のことを考え、きちんと仕事をし、お国をゆるぎないものにする。ここに目をつけなければ、奉公人とはいえない。この心構えについては、上下の区別はない。

ここに腰をすえて、たとえ神仏に誘われようが動揺しないと、覚悟をきめねばならぬ。

今時の奉公人を見るに、いかう低い眼の着け所なり。スリの目遣《づか》ひの様なり。大方、身のための欲得か、利発だてか、または少し魂の落着きたる様なれば、身構へをするばかりなり。

我が身を主君に奉り、すみやかに死に切つて幽霊になりて、二六時中、主君の御事を嘆き、事を整へて進上申し、御国家を堅むると云ふ所に眼を着けねば、奉公人とは言はれぬなり。上下の差別あるべき様なし。このあたりに、ぎしと居すわりて、神仏の勧《すす》めにても、少しも迷はぬ様覚悟せねばならず。

（聞書第一）

## 役を命ぜられたとき

よいことだろうと悪いことだろうと、命令されたとき、無言のまま受けるのは、まるでいやいや受けるかのように見える。命令にたいしては、ほどほどにふさわしい返事をすべきである。それには、かねてからの心の準備が大切である。

また、役を命ぜられたとき、内心でうきうきし、得意の気持がおきれば、おのずと表情に出るものだ。そういう人物を何人か見かけたことがあるが、見苦しいものである。

おのれの分を知っている人は、「菲才の身であるのにこのような役を与えられ、どうしたらよいか心配だ」という気持が、ことばに出さなくても表情にあらわれ、すなおさがうかがえるものである。

役目を与えられたとき、浮わついた気持で調子づくのは、武士道にはずれるばかりか、未熟そのもので、おそらくやがては失敗するであろう。

吉凶に付、仰渡《おおせわた》しなどの時、無言にて引取りたるも、当惑の体に見ゆるなり。能きほどのお請あるべき事なり。前方の覚悟が肝要なり。また、役など仰付けられ候節、内心に嬉しく思ひ、自慢の心などあれば、そのまま面に顕はるるものなり。数人見及びたり。見苦しきものなり。我等不調法なるに斯様の役仰付けられ、何と相調ふべきや、さてさて迷惑千万、気遣なる事かなと、我が非を知りたる人は言葉に出さずとも面に顕はれ、おとなしく見ゆるなり。浮気にて、ひようすくは道にも違ひ、初心にも見え、多分仕損じあるものなり。

（聞書第一）

## ひとりで忠義づらをするな

盛徳院殿〔勝茂の四男、直弘。山城殿ともいう。分家して白石を領す〕の何某という家来が、あるとき主君との話のついでにいった。

「殿には真に頼りになる家臣がおりません。私は平素はこれといったお役にも立ちませんが、いざというときに一命を投げだすのは、私くらいでございましょう」

盛徳院殿は、とたんに激怒し、

「わが家中に、命を惜しむ者が一人でもあろうか。そのような高慢ぶりは許せぬ」

と、いまにも手討ちにしようとした。

居合わせた者があわててとりなし、事なきを得たという。

盛徳院殿家来何某、ある時話の序《つい》でに申し候は、「頼み切りの人をお持ちなされず候。拙者は常々は何の御用にも立ち申さず候へども、一命を捨て候節は拙者一人にて候」と申し候。

盛徳院殿もつての外立腹、「家中の者一人も命を惜しむ者あるべきや、高慢の儀を申す」と候て、手打あるべき様子に候故、脇より引立て申し候由。（聞書第六）

# 人材抜擢について

なんとかお役に立ちたいと考えている奉公人は、いつかはその願いがかない、引き立てられることは疑いない。主君のほうでも、役に立つ人材はないかと、いつも探しておられるのである。たとえば能囃子《のうはやし》が好きな主君は、芸達者を探している。そこへ、百姓であろうが町人であろうが、笛なり太鼓なりの上手な者があらわれれば、さっそく召し出されるだろう。そうしたものである。

いわんや能役者どころではない、お国の役に立つ奉公ということを念願している人物は、いつの時代にも求められているのである。

一方、主君としては人材を求めるための心得が必要である。主君の好むことには、その道その道に長じた者があらわれるものだ。だから、主君たる方は、役に立つ人材を好むようにしていただかねばならぬ。

また、むかしから、世襲の地位には有能な人材が出にくい。いつの世にも、むしろ低い地位から身をおこしてりっぱな仕事をし、役に立った人物があらわれているのである。

――〈主君の好むことには、……あらわれる〉中国古代の政治評論集『韓非子《かんびし》』にこうある。

「むかし越《えつ》王句践《こうせん》が武勇を好むと越には平気で死ぬ人間が続出した。楚《そ》の霊王《れいおう》が柳腰の美人を好むと楚の都には絶食して痩せようとする女たちがあとをたたなかった。斉《せい》の桓公《かんこう》は嫉妬ぶかかったので自ら去勢して後宮の宦官《かんがん》になった男がいる。また桓公は食い道楽であったから料理人の易牙《えきが》は自分の長男を蒸焼きにしてすすめた」

また、歴史書『左伝』にはこうある。

「上ノナストコロハ、民ノ帰スルトコロナリ」

御用に立ちたしと思ふ奉公人は、そのまま引上げ召使はるる儀疑ひもなき事なり。上よりは御用に立つ者がなと、かねがね御探促なさるる事に候。たとへば能囃子にお好き候御主人は、芸のある者を御探促なさるる処に、百姓町人にても、笛なりとも太鼓なりとも得方の者に候へば、そのまま召出ださるると同じことなり。能役者よりは、御国家の御用に立つ奉公に心掛け候ものは、何時の御時代にも御探促の事に候。また上のお好きなさるる事にその道その道の者出来申す事に候へば、御用に立つ者をお好き遊ばさるべき事なり。昔よりその位々には出来かね候。下より登り大功を遂げ、御用に立ちたる人、御代々数人これありたる事に候由。（聞書第二）

# 上から少しは煙たがられよ

主君からも、家老や年寄役からも、少しは煙たがられるくらいでないと、大成はしない。凡々と腰巾着になっていたのでは、思いきった働きはできない。この気持が大切である。

主にも、家老・年寄にも、ちと隔心に思はれねば大業はならず。何事もなく腰に付けられては働かれぬものなり。この心持これある事の由。

(聞書第二)

## 政務と事務

定例に開かれる重臣会議の議題をご覧になって、勝茂公は、

「会議の議題を見ると、事務的なことばかりではないか。政務、政策に関することが少しもない。もってのほか、不届き千万だ」

とひどくお叱りになり、自ら筆をとって議題を示されたという。


――勝茂のこのことばは、現代の会議や組織運営でもよくいわれるところである。いささか生ぐさい話題だが、たとえばかつて福田内閣発足早々、国防会議のあり方について、それまでの会議が事務局の用意した原案を事務的に承認するにとどまっていたことが反省され、首相はこう指摘した。「国防会議は防衛予算を事務的に審議することに終わっている。予算要求の背後にある国際情勢について十分に論議・分析した上で、必要な装備につ

いて予算化していくということにすべきだ」(『朝日新聞』昭和五十二年一月七日)。どこぞの取締役会などでもよく問題とされるところだが、これは「戦略と戦術」の関係についてもあてはまるところであろう。

寄合日の書付を御覧なされ候て、仰出され候は、「詮議の書付、雑務方計《ばか》りにて候。国家の事一事も相見えず。沙汰の限り不届千万」と殊の外のお叱り、遊《あそばし》出《だし》を以て仰出され候由。金丸氏話なり。(聞書第四)

## 管理のかなめ

某和尚は近年まれにみる傑物である。寛大なことは底が知れず、そのため、彼の住職となっている大きな寺がうまく運営されている。さきごろもこういっておられた。

「私は情ないことに病身じゃ。この大寺院をあずかり、ぬかりなく勤めを果たそうなどと思ったら、かえって失敗するにちがいない。そこで、分に応じてほどほどにと思い、気分の悪いときは代理の者にやってもらい、なんとか大きな落度がないようにと心がけているだけのことよ」

先々代の住職は厳しすぎて、人びとがついていけなかった。逆に先代の住職は人にまかせすぎて、けじめがつかなかった。いまの和尚になってからは、問題もおこらず、寺僧たちもよく従っている。

そこのところを考えてみると、この和尚は、細かいところまであらゆることを知ったうえで人にまかせるのである。干渉せずにそれぞれの担当について自主的にやらせ、聞かれれば明確に指示する。だからこそ、よく治まるのだと思う。

――寛と簡　『宋名臣言行録』中の欧陽修《おうようしゅう》（一〇〇七〜一〇七二）の事蹟に関してつぎの名言がある。

「明ナレドモ察ニ及バズ、寛ナレドモ縦ニ至ラザレバ、吏民コレニ安ンズ」

（わかってはいるが細かく追及はしない、ゆるやかだが野放図にはさせない。こうすれば役人も人民もよくおさまるのである）。

欧陽修は宋の宰相であり、『新唐書』を編纂した文人としても知られている。彼が地方長官として赴任したところは、いずれも行政が簡素化され、しかも能率は上がった。ある者がその秘訣をたずねると、欧陽修はこう答えたという。

「秘訣は寛と簡だよ。ただし、野放図にすることが寛だと思い、手を抜くことが簡だと考えたら、弛緩《しかん》してしまって弊害が出るものだ。私のいう寛とは苛酷なおしつけをしないことであり、簡とはくだくだしい繁雑さを捨てるだけのことさ」

何和尚は近代の出来物なり。寛大なる事量《はかり》なし。それゆゑ大寺よく治りたり。頃日も「話にかからぬ病身にて、大寺を預りよく勤むべしと思ひたらば、仕損じこれあるべく候。成る分と存じ候ゆゑ、気色勝れざる時は、名代にして諸事済し、なにとぞ大はづれの無き様にと心掛くるばかりなり」と申され候。

先々住はきびし過ぎて大衆あき申し候。先住は任せ過ぎて不締りなる所あり、今の和尚に成りて是非の沙汰なく、大衆よく治り申し候。この境《さかい》を思ふに、粗に入り細に入り、よく事々を知りて、さて打任せて、構はずに役々にさばかせて、もし尋ねらる時は、闇《くら》き事なく差図致さるる故よく治り申し候と思はるるなり。（聞書第一）

# 外聞より実質

島原の乱で原城を攻めたとき、田崎外記《げき》がピカピカの武具を身につけていたので、勝茂公は気にいらなかった。

その後、目立つものをご覧になると、いつも、

「外記の道具のようだな」

といわれたそうである。

それにしても、武具、衣装を目立つようにするのは、いかにも軽薄で強さに欠け、かえって人に見すかされるものである。

田崎外記物具《もののぐ》の事　原の城にて外記事、光り渡り候物具を着致し候に付、勝茂公お気に入らず、その後、目に立ち候物を御覧候ては、「外記が具足の様な」と御意毎度の由。右の話に付、武具・衣装等目に立ち候様に仕るは手薄く見え強みなく、人の見すかし申すものとなり。

（聞書第七）

# 便利な男

ある年、綱茂公が石井九郎右衛門をお召しになり、

「妹たちが川上村へ遊びにいくのに、その方が供をするそうだが、多勢の女どものことだから、そつのないよう段どりをしてもらいたい。いったい、どういう手順になっているのか」

とたずねられた。九郎右衛門は即座にすらすらとくわしい段どりを説明したので、「まことによくできている。なお念を入れて頼む」といわれた。その後、

「九郎右衛門という者は、近来、まれな男だ。重宝《ちょうほう》である」

と、特段のおほめを賜わったそうである。

これも一つの芸である。なにかおたずねのあったとき、すかさず、すらすらと詳細を申し上げるのは大切なことである。

――綱茂は第三代藩主である。太平の世をむかえて百年、勤め人としての武士のありようも大きく変わってきたことがうかがえる。事務的才能の大事なことが強調されているのはおもしろい。

石井九郎右衛門口上得方《こうじょうえかた》の事　一とせ綱茂公九郎右衛門を召出され、「妹ども川上遊山に参り候に付て、其方《そなた》供致す由。女中大勢の事に候へば、乱に之れ無き仕組仕るべき事、何と仕組み候や」とお尋ね成され候。九郎右衛門即座にて、右の仕組一々少しも滞《とどこおり》無く委細申上げ候に付て、「もつとものの仕組なり。入念候へ」と御意成され候。その後、「九郎右衛門と云ふ者は珍しき者なり。重宝なり」とことの外御褒美の由。これ一芸なり。御前などにて取敢へず、空《そら》に委細申上げ候事、大切の事なり。

（聞書第八）

# 奉公は今日一日

生野織部〔光茂時代の家老〕はこういった。
「奉公は、今日一日のことと思いさえすれば、どんなこともできる。だれでも一日の仕事なら辛抱できよう。そして、翌日もまた一日なのである」

生野織部申され候は、「奉公は今日一日するとさへ思へば、如何様なる事もさるるなり、一日の仕事ならば、どうもこらへらるべし。翌日もまた一日なり」と申され候由。

（聞書第八）

# 根回しの必要

相談事がある場合は、まずだれか然るべき者ひとりと打ち合わせておき、それから関係者を集めてその場できめることである。そうでないと、うまくまとまらず、しかもあとから不満が出てくるものである。

また、とくに大事な相談事は、ひそかに、無関係な者や世を捨てた人から意見を聞いておくとよい。こういう人たちは利害関係がないから、よく筋道がわかるのである。

仲間のうちだけで相談すると、自分たちにつごうのいい意見だけが出てくるものだ。これでは、そのあとで役に立たない。

談合事などはまづ一人と示し合ひ、その後聞くべき人々を集め一決すべし。さなければ恨み出来るなり。また大事の相談は、かもはぬ人、世外の人などにひそかに批判させたるがよし。贔屓《ひいき》なき故よく理が見ゆるなり。一くるわの人は談合候へば我が心の理方に申すものにて候。これにては役に立ち申さず候由。一法師口伝。(聞書第二)

## ふだんが大事

公的な場と私的な場、あるいはまた職場と畳の上、これをそれぞれ別のものと考え、そのときになって急にとりつくろおうとするから間に合わないのである。

要は平生がどうあるかにかかっている。つね日ごろ武勇を知られた者でなければ、いざというとき役目を与えられるはずがない。

公界と寝間の内、虎口前《こぐちまえ》と畳の上、二つになり、俄《にわか》に作り立つる故、間に合はぬなり。ただ常々にある事なり。畳の上にて武勇の現るる者ならでは、虎口へも選び出されず。

（聞書第二）

# 身だしなみ

いつも頰紅《ほおべに》を懐に入れておくとよい。なにかのとき、酔いざめや寝起きで顔色が悪く困ることがある。そういうときに、頰紅を使うのである。

写し紅粉を懐中したるがよし。自然の時に、酔覚か寝起などは顔の色悪しき事あり。斯様の時、紅粉を引きたるがよきなりと。

（聞書第二）

## 主君の切った爪をかぞえる

勝茂公の時代には、大身小身によらず家臣の子弟を幼少のときから小姓としてお側に使われるならわしであった。

志波喜左衛門〔後に勝茂に殉死〕が小姓として勤めていたころのことである。あるとき勝茂公が爪を切られ、

「これを捨てよ」

といわれたが、喜左衛門は、手の平にのせたまま立とうとしない。

「どうしたのか」

と聞かれて喜左衛門は、

「ひと切れ足りませぬ」

と申し上げた。勝茂公は、「ここにあるぞ」と、隠しておかれたひと切れをお渡しになったという。

――トリック・テスト　切った爪を当人の分身としてみだりに扱わない習慣は、ごく最近まで残っていたほどである。武士の細心さを強調した逸話だが、勝茂が爪を隠して臣下を試したのは、『韓非子』にある「君主の七術」の一つ、「挾智」（知らないふりをして臣下をためす法）の故事によったものであろう。すなわち、「韓《かん》ノ昭侯《しょうこう》、爪ヲ握リテ佯《いつ》ワリ、一爪ヲ亡《うしな》ウトナス。コレヲ求ムルコト甚ダ急ナリ。左右ヨッテソノ爪ヲ割《さ》イテコレヲ效《いた》ス。昭侯モッテ左右ノ誠ナラザルヲ察ス」とある。臣下が自分の爪を切って員数を合わせたので、昭侯はその不正直なことを知ったというのである。

志波喜左衛門御小姓役の時の事　勝茂公御代には、御家中の者、大身小身によらず、幼少の自分よりお側に召使はれ候。喜左衛門相勤め候時分、ある時お爪をお切りなされ、「これを捨てよ」と仰せられ候へば、手に載せ候て、立ち申さず候に付、「何ぞ」と仰せられ候へば、「一つ足り申さず候」と申上げ候。「ここに有り」とて、おかくし召置かれ候を、お渡しなされ候由。

（聞書第七）

## 気のつけどころ

申《さる》の年〔寛文八年〕江戸の大火にさいし、鍋島藩桜田屋敷も類焼した。そのため光茂公とご子息の綱茂公は麻布屋敷に移られたが、三日後、ふたたび市中から出火し、この屋敷にも火が移った。両殿様は馬に乗られたが、火の手が急で逃げ道もふさがったので、家臣たちが力ずくで塀を切り崩し、そこから出て避難された。

その間、石隈《いしぐま》五郎左衛門〔石隈家は、その父の代に有馬の陣の戦功で鍋島藩直参となった〕は馬のそばについて殿の鐙《あぶみ》に手をかけたまま、終始なんの働きもしなかった。

鎮火の後、一同はみなおほめにあずかったが、とくに石隈五郎左衛門は、有馬の陣で名をあげた者の子だけあって、その心がけが並々でないと感心され、ほうびを賜わった。気のつけどころが違うというわけである。江副《えぞえ》彦次郎が当時の事情にくわしく、そう話したという。

――混乱すると、ただあわただしく動きがちだが、肝腎のポイントをおさえることがいかに大切かということを指摘したわけである。

石隈《いしぐま》子五郎左衛門の事　申《さる》の年江戸大火事光茂公・綱茂公麻布お屋敷に御座なされ候処、お屋敷に火懸《かか》り、急に焼け塞《ふさ》がり、お出でなさるる道これなく、お馬に召し御座なされ候を、お側・外様の者大力量を出し、塀を切崩し、そこよりお出で、お立退き遊ばされ候。五郎左衛門はお馬の脇に立ち、御鐙に手を懸け、始終何の働きも仕らず候。火鎮まり候後、いづれも御感を蒙り候に、第一石隈事、有馬にて名を取り候者の子ほどありて、その志御感心浅からざる由にて、御褒美なされ候。気の付け所、格別なる由なり。この事は、江副彦次郎その節の儀よく存じ候由にて、話し申され候となり。

（聞書第七）

## 君側を離れず

大石小助が内頭人《うちとうにん》〔奥御殿の責任者〕をしていたときのこと、夜中に奥の女中部屋あたりに怪しい者が忍び込んだので、これを捕えるために大さわぎになった。

男も女も身分の高い者も低いものも、あわただしく御殿の内外を走り回わっているのに、責任者である大石小助の姿がみえない。老女があちこち探し回わったところ、小助は殿の寝所のつぎの間で、刀を抜き放ち、黙ってすわっていた。

殿の身辺に人がいないのを心配し、守っているのであった。気のつけどころが違うというものである。

この忍び込んだ者は成富吉兵衛といい、かつて密通事件を起こした浜田市左衛門と同じように、ひそかに女中のもとに忍んできたもので、捕えられたあげく処刑された。

大石小助内頭人《うちとうにん》の時分、夜中に御内女中部屋の辺に紛れ者忍び入り候に付き、捕へ申すとて、上を下にかへし、男女上下走り廻り候に、小助相見えず候故、老女など方々尋ね候へば、御打物の鞘をはづし、お次の間にすわり、黙り候て居り申し候。御身辺に人これなく候故、心許《こころもと》なく存じ候て、守り居り申し候。気の付け所違ひ申したる事にて候由。右忍び入り候者は成富吉兵衛なり。浜田市左衛門が一類、密通事にてお仕置仰付けられ候。（聞書第七）

## 側近と外様《とざま》の心得

側近にお仕えしている者は、なるべく差し出がましいことはしないように、なんとなく年月を重ね、いつのまにかお役に立つようでなければ本物ではない。一家の家族のようなもので、とくに目だたなくても、それなりの役割ができてくるのだ。

ただし中途で他国から召し抱えられた者の奉公は、それでは追いつかない。落度がないようにいつも緊張し、上の人に目をつけられるような心構えをしていなければならぬ。

お側の奉公は、成るべく差出でざる様に、ぶらぶらとして年を重ね、自然と御用に立つ様になければ物に成らざるなり。一家の内の様なればなり。外様《とざま》の奉公は、それにては追付かず、随分はづれなく心掛け、上《かみ》たる人の目にも付く心持あるなり。

（聞書第二）

# 六　時代と人生の構図

「いやな世の中だな。どう生きていったらいいものか」「とにかく出世しなくちゃ話にならんよ。若いうちはがんばらなけりゃ」「出世したから、どうだっていうんだ」——こんな会話をどなたも口にするか、あるいは耳にしたことがあるにちがいない。佐賀郊外、黒土原の草庵を訪れて、人生の先達、山本常朝老人の話を聞いてみよう。

## 時代の風――昔風と当世風

時代の風潮というものは変えることが出来ない。

段々と流れ落ちてゆくのは、時代が一回りして末になっているからである。一年で見ても、春だけでもないし、夏だけでもない。循環しているのである。一日の変化も同じことだ。

だから、今の時代を百年も前の「良き時代」にしようと思っても、それは叶《かな》わぬことである。

であるからには、その時代時代に応じて良くするように努めることが肝心なのだ。

昔風を慕っている人の過ちは此処《ここ》にある。理解できないのである。

一方、当世風だけがいいものと思いこんで、昔風を嫌う人は、根無し草になってしまう。

○根無し草――原文「かへりまちもなし」は当時の方言で「框《かまち》もなし」が由来であり「しまり」がないことだという。あるいは「刀身の先端と根元との区別もない」意味だという説もある。

時代の風と云ふものは、かへられぬ事なり。段々と落ちさがり候は、世の末になりたる所なり。一年の内、春計《ばか》りにても夏計りにても同様にはなし。一日も同然なり。

されば今の世を、百年も以前の良き風になしたくても成らざることなり。されば、その時代時代にて、よき様にするが肝要なり。昔風を慕ひ候人に誤あるは此処なり。合点これなきなり。

又当世風計りと存じ候て、昔風を嫌ひ候人は、かへりまちもなくなるなりと。

（聞書第二）

# 時代が人をつくる

よく、こういうことをいう人びとがいる。

「このごろの連中は、『近ごろは戦《いくさ》がなくてしあわせだ』などといっているが、不心得もはなはだしい。短い一生だが、せめて一度は戦場に出てみたいものだ。畳の上で息を引きとるのではやりきれないし、第一、武士の本懐といえぬ。むかしの人は、とりわけ戦のないのを嘆いたものだという。討死ほど楽な死にかたがあろうか」

頑固《がんこ》な老人などにこういうことをいわれたときは、あえてさからわず適当に相手をしておくのがよい。だが、そのやりとりをそばで心ある人が聞いている場合、自分がこういう旧弊《きゅうへい》な人物とまったく同意見のように思われても困る。そこで、さしさわりのないように一言あってしかるべきだろう。つまり、

「そうばかりもいえますまい。近ごろの者が無気力なのは、世の中が無事だからでしょう。なにか事件が起きれば、少しは骨っぽくなるにちがいありません。むかしの人といっ

ても、このごろの人たちとそんなに違っているはずはないでしょう。かりに違っていたとしても、むかしはむかしです。世間一般の士気が下降しているのであって、近ごろの人がむかしに劣るいわれはありますまい」

などと、その場に応じた言い方をすることである。こうした一言は大切なものである。

「今時の衆、『陣立てなどこれなく候て仕合せ』と申され候。無嗜みの申分にて候。わづかの一生の内、その手に会ひたき事に候。寝蓙《ねござ》の上にて息を引切り候は、まづ苦痛堪へがたく、武士の本意にあらず、古人は別して嘆き申したる由に候。討死ほど死によき事はあるまじく候」。右体の事申す衆に一言申す事々しき老人など申され候時は、まぎらかし候て居り申す事も候が、脇より心ある人聞き候はば、同意のやう存ずべく候へば、障らぬやうに一言申すべきは、「左様にてもこれなく候。今時分の者、無気力に候は無事ゆゑにて候。何事ぞ出来候はば、ちと骨々となり申すべく候。昔の人とて替るはずにてこれなく候。よしよし替り候ても昔は昔にて候。今時の人は、世間おしなべて落ち下り候へば、劣り申すべき謂《い》はれこれなく候」などと、一座を見量り申すべき事に候。誠に一言が大事の物となり。

（聞書第二）

# 当世流を叱る

五、六十年以前までの武士は、毎朝、行水《ぎょうずい》を使い、月代《さかやき》を剃り、髪に香をたきしめ、手足の爪を切って軽石でこすったうえ、こがね草でみがくなど、身だしなみをゆるがせにしなかった。とくに武具一式は錆をつけず、ほこりを払い、みがきたてて用意していた。

とりわけ身だしなみを整えるのは、伊達者《だてしゃ》のようであるが、そうした風流のためではない。今日は討死するか、明日は討死するかと必死の覚悟をきめていたからである。たしなみのない姿で討死すれば、平生から覚悟していなかったことを敵に知られ、軽蔑されてしまうから、老若ともに身だしなみを整えたのである。

いかにもめんどうで時間が無駄なようだが、これが武士のなすべきことである。めんどうでも無駄なことでもない。

つねに討死の覚悟をし、死んだ気になって奉公し、また武術の鍛練にも励むならば、恥をかくようなことにならないはずである。この点を考えようともせず、欲にかられてわがままに日を送り、事にぶつかって恥をかき、しかもそれを恥とも思わず、自分さえ満足すればよいなどといって、でたらめな行ないに堕してゆくのは、かえすがえすも残念である。平生から必死の覚悟がない者は、死にざまも悪いにきまっている。平生から必死の覚悟をしていれば、どうして賤しい行動ができるだろうか。このへんのところを、よくよく工夫しなければならない。

三十年このかた、気風が一変し、若侍たちの対話でも、金銭のうわさ、損得の考え、暮らしむきの話、衣装の品定め、色欲の雑談、こういった話題ばかりである。そういう話題でなければ、みんな話に乗ってこないようになってしまった。困った風潮だ。むかしは若い連中でも、もともと賤しい根性がなかったから、そんなことはおくびにも出さなかったのである。年輩の者も、うっかりこのようなことを口にすると、しまったと後悔したものである。

これは、世の中が華美になり、生計にだけ関心を持つようになったからであろう。本来は、身分不相応な贅沢さえしなければ、生計などなんとかなるものである。

また、このごろの若い者に倹約心があるのを、「世帯持ちがいい」などといってほめるのは、あきれたことである。倹《し》まり屋は、とかく義理を欠く。義理を欠く者は賤しいやつである。

○伊達者――派手なみなりを好む者。伊達藩とは関係なく、「立つ」が語源だという説がある。

――ころは元禄時代の直後である。華麗な世相を叱る常朝の嘆きが手にとるようである。もっとも常朝は、こう嘆く一方で、時代の風潮が動かし難いものであり、むかしがよかったとばかりいうのは誤りだとも語っている。タカ派的心境三分の二、ハト派的心境三分の一、いつに変わらぬ平均的老人の気持であろうか。

五六十年以前までの士《さむらい》は、毎朝、行水・月代《さかやき》、髪に香をとめ、手足の爪を切つて軽石にて摺《こす》り、こがね草にて磨き、懈怠《けたい》なく身元を嗜み、もつとも武具一通りは錆をつけず、埃を払ひ磨き立て召置き候。身元を別けて嗜み候事、伊達《だて》のやうに候へども、風流の儀にてこれなく候。今日討死、今日討死と必死の覚悟を極《き》め、もし無嗜みにて討死いたし候へば、かねての不覚悟もあらはれ、敵に見限られ、穢《きたな》まれ候ゆゑに、老若ともに、身元を嗜み申したる事にて候。事むつかしく、隙つひえ申すやうに候へども、武士の仕事は斯様の事にて候。別に忙《せわ》しき事、隙入る事もこれなく候。常住討死の仕組に打ちはまり、篤《とく》と、死身になりきつて、奉公も勤め、武辺も仕り候はば、恥辱あるまじく候。斯様の事を夢にも心付かず、欲得我《わ》が儘《まま》ばかりにて日を送り、行当りては恥をかき、それを恥とも思はず、我さへ快く候へば、何も構はずなどといひて、放埒《ほうらつ》無作法の行跡に成行き候事、返す返すも口惜しき次第にて候。かねて必死の覚悟これなき者は、必定死場悪《あ》しきに極《きま》り候。またかねて必死に極め候はば、何しに賤しき振舞あるべきや。このあたり、よくよく工夫仕るべき事なり。

また、三十年以来、風儀打替り、若侍どもの出会の話に、金銀の噂、損徳の考、内証事の話、衣裳の吟味、色欲の雑談ばかりにて、この事なければ、一座しまぬ様に相聞え候。是非なき風俗になり行き候。昔は二三十どもまでも、もとより心の内に賤しき事持ち申さず候故、言葉にも出し申さず候。年輩の者も不図申出で候へば、怪我の様に覚え居り申し候。これは世上華麗になり、内証方ばかりを肝要に見付け候故にてこれあるべく候。我が身に似合はぬ驕《おご》りさへ仕らず候へば、ともかくも相済むものに候。また今時若き者の始末心これあるを、よき家持などと褒むるは浅ましき事にて候。始末心これある者は、義理を欠き申し候。義理なき者は寸口垂《すくたれ》なり。（聞書第一）

## 悪い時代はかえって好機

人はみな気が短いために、大事をなしとげられず、途中でやりそこなってしまうことが多い。いつかはなしとげようと気長にやれば、かえって早く目的をとげられるものだ。長いあいだには運がむいてくるのである。

十五年先を考えてみるがいい。そのとき、世の中はすっかり変わっているだろう。『未来記』などでは、それほど変化がないように書かれているが、現在のお歴々も、十五年後には全部いなくなっているにちがいない。それに代わっていまの若手が進出はするだろうが、それも半分とは残っていまい。

たとえば、金が少なくなれば銀も価値を生じ、銀が少なくなれば銅も価値を生ずるようなものだ。いまは値打ちのないものでも、やがては貴重になってくる。時代にふさわしく人の質もしだいに下ってゆくのだから、ちょっとがんばれば、ひとより抜きんでることができるではないか。

十五年などは、またたく間である。自分を鍛えてさえおけば、りっぱに念願を果たし、お役に立つことができる。

世の中に名人がたくさんいるときは、名を上げるのは容易でない。世の水準が全体として下って行く時代だとしたら、その中で頭角をあらわすのは容易なことである。

皆人気短か故に、大事をなさず仕損ずる事あり。何時までも何時までもとさへ思へば、しかも早く成るものなり。時節がふり来るものなり。今十五年先を考へて見給へ。さても世間違ふべし。未来記などと云ふも、あまり替りたる事あるまじ。今時御用に立つ衆、十五年過ぐれば一人もなし。今の若手の衆が打つて出ても、半分だけにてもあるまじ。だんだん下り来り、金払底すれば銀が宝となり、銀が払底すれば銅が宝となるが如し。時節相応に人の器量も下り行く事なれば、一精出し候はば、ちやうど御用に立つなり。十五年などは夢の間なり。身養生さへして居れば、しまり本意を達し御用に立つ事なり。名人多き時分こそ、骨を折る事なれ。世間一統に下り行く時代なれば、その中にて抜け出づるは安き事なり。

（聞書第二）

# 四十歳すぎでも積極性は必要

四十歳以前は、知恵や分別など無用であって、むしろ積極的すぎるぐらいなのがよい。人により、性格にもよることだが、四十歳をすぎても、積極性はやはり必要だ。これがなければ、気の抜けたようになってしまう。

四十歳より内は、知恵分別をのけ、強み過ぐる程がよし。人により、身の程により、四十過ぎても、強みなければ響きなきものなり。（聞書第一）

# 四十代の前と後

四十歳ぐらいまでは、万事に積極的であるべきだ。五十歳に手がとどくころからは、ひかえめにするほうがふさわしい。

四十より内は強みたるがよし。五十に及ぶ頃より、おとなしく成りたるが相応なり。

（聞書第二）

# 出世無用

鍋島舎人助《なべしまとねりのすけ》に仕える草履取りが十四歳になったとき、諫早家《いさはや》へお供し、供待ち部屋にいた諫早石見《いわみ》守殿の雑兵と争って、これを切り殺した。そのふるまいがりっぱだったので、処罰は免れたが、この事件をきっかけに、この者は思い立った。

「人間としてこの世に生まれ、これという思いもないまま一生を終わるのは無念だ。よし、天下を取ってやろう」

そう思って日夜苦心したあげく、ようやく天下を取る方法の見きわめがついた。

だが、よくよく考えてみると、たしかに天下を取れるかもしれないが、そのためには並み並みならぬ骨折りをしなければならぬ。そして天下を取ったとしても、それを治める苦心がたいへんだ。一生をそのようにあくせくとした苦労で終わるのもつまらない。

それよりは、俗世を去って安心立命したほうがましだと出家して修行につとめ、真言宗に帰依、後に「雲仙嶽のホッケ〔法華か〕」といわれ、日本中に知られる名僧となった。

詠歌に、

我多彼此《がたひし》〔あれかこれかとガタピシ〕と思ふ心のとけぬれば
　自己智〔自意識〕もなくて無性〔解脱の境地〕なりけり

鍋島舎人助《なべしまとねりのすけ》草履取十四歳になり候が、諫早《いさはや》家へお供致し、供部屋にて、石見《いわみ》殿中間を斬殺し候仕方よく候故、お助けなされ候。この者存立ち候は、たまたま人間に生れ、思出なく死なんことは無念なり。いざ天下を取るべしと思立ち、夜昼工夫し篤《とく》と手に入り候。その時思付き候は、天下を取る事は、しかと手に入り候へども、殊の外骨を折り、天下取りに成り候ても、仕置などに苦心多し、一生を苦労にて果てても詮《せん》なき事なり。それよりは、出家になり、成仏したるが増《まし》となるべしと出家の修行を工夫し、真言宗に成り、後に温泉《うんぜん》のホッケといはれ、日本に名を揚げ候名僧にて候。詠歌に、

　我多彼此《がたひし》と思ふ心のとけぬれば
　自己智もなくて無性なりけり

（聞書第六）

# 同僚に先を越されたとき

理由もないのに同僚に先を越されて、自分がその下位になったとき、少しも心にかけず奉公をつづけている人がいる。また、おもしろくないと文句をいい、身を引いてしまう人もいる。

どちらがよいかというのは、時と場合によるであろう。

謂《い》はれ無く朋輩に席を越され、居肩下りたる時、少しも心にかけず、奉公する人あり。またそれを腑甲斐《ふがい》なきと云ひて愚意を申し、引取などするもあり。いかがと申し候へば、それは時により事によるべし。（聞書第二）

## 昇進をあせるな

「大器は晩成す」といわれる。二十年、三十年かかって成しとげるようでなければ、大きな成功は得られない。

奉公についてもそうである。あせる気持があると、自分の役割以外のことに出しゃばり、若手の敏腕家などといわれ、調子に乗って無思慮になり、得々としてやり手ぶっているうちに、上に追従したり浮わついたりする気持が出てきて、ついには人からとやかくいわれるようになってしまう。

自己研鑽につとめ、自然と人から引き立てられて昇進するようでなければ、本当の働きはできないのである。

○大器は晩成す——もともと『老子』の「大器晩成、大音希声、大象無形」(大きな器は完全な器に見えず、大きな音は耳に聞こえず、大きな形は判別しにくい)というのが出典だが、後世、転じて、大器は時間をかけて出来上がるという意味で使われるようになった。

大器は晩成といふ事あり。二十年三十年して仕果《しおお》する事にならでは、大功はなきものなり。奉公も急ぐ心ある時、我が役の外に推参し、若巧者といはれ、乗気さし、がさつに見え、出来《でか》したて功者振りをし、追従軽薄の心出来、後指ささるるなり。修行には骨を折り、立身する事は人より引立てらるるものならでは、用に立たざるなり。

(聞書第一)

## 早すぎる出世は危険

あまり若いうちに出世するのは、長持ちしないものである。五十前後になってから、しだいに完成するのがよいのだ。

それまでは、人びとから出世が遅いと思われるぐらいのほうが、かえって大成する。また、志をもっている者は、一時は失敗するようなことがあっても、不正なことを考えないから、早く立ち直るものである。

若き内に立身して御用に立つは、のうぢなきものなり。五十ばかりより、そろそろ仕上げたるがよきなり。その内は諸人の目に立身遅きと思ふほどなるが、のうぢあるなり。また身上崩しても、志ある者は私曲の事にてこれなきゆゑ、早く直るなり。

（聞書第一）

## 奇人・志田吉之助の逆説

志田吉之助が「生きても死んでも、どうということがないのならば、生きたほうがましだ」といったということが、後世、非難の的になっている。

志田は曲者で、冗談にこういったのである。それを若い連中が早合点し、武士の恥になるようなことをいってよいのかと憤慨したわけだ。

じつはこれにはつづきのことばがあって、「食おうか食うまいかと思うものは食わないほうがよい。死のうか生きようかと思うときは死ぬほうがよい」というのである。

○志田吉之助――龍造寺政家の小姓であったが、その死後、鍋島家に政権が移ってからは隠棲し、そのまま生を終えるまで五十五年、その間、数々の奇行で知られている。たとえば、人にかみつく犬のそばを裾をからげて通り、「足の傷はなおるが、着物の傷はなおらぬ」といったり、またあるとき、賊を切ってほめられたが、「命惜しさに夢中でやったまで」と答えたりしたという。世俗への一種の鬱屈した思いが、こうした奇矯な言動をとらせたのであろう。

志田吉之助、生きても死にてものこらぬ事ならば、生きたがましと申し候。志田は曲者にて、戯《たわむ》れに申したる事にて候を、生立者《おいたちもの》ども聞き誤り、武士の疵に成る事を申すべくやと存じ候。この追句に、食はうか食ふまいかと思ふものは食はぬがよし、死なうか生きやうかと思ふ時は死んだがよしと仕り候。（聞書第一）

# この世は夢

この世は夢ということばがあるが、まさに言い得て妙である。悪い夢をみたときなど、早く覚めてくれと思ったり、夢であってほしいと思ったりする。いまの時代は、まさにそのとおりなのだ。

夢の世とは、よき見立なり。悪夢など見たる時、早く覚めよかしと思ひ、夢にてあれかしなどと思ふ事あり。今日もそれに少しも違《たが》はぬなりと。

（聞書第二）

# 死

貴賤にかかわりなく、老若にもかかわりなく、悟っても死に、迷っても死ぬ。とにかく人間はみな死ぬのである。このようにだれでも、やがては死ぬということを知らないのではない。だが、ここにひとつの逃げ道があるのだ。つまり、必ず死ぬと知ってはいるが、他人がみな死に果ててから、自分は最後に死ぬかのように考えて、さし迫ったことではないと思っているのである。

はかない考えではないか。また、「あくせくしても仕方がない、すべて夢の中の遊びだ」などと思って、油断してはならない。死は、すぐ足もとに迫ってくるのだから、精を出して万事を手早くかたづけておかなければならぬ。

貴となく賤となく、老となく少となく、悟りても死に、迷ひても死に、さても死ぬ事かな。我人、死ぬと云ふ事知らぬではなし。ここに奥の手あり。死ぬと知つては居るが、皆人死に果ててから、我は終りに死ぬ事の様に覚えて、今時分にてはなしと思ふて居るなり。はかなき事にてはなきや。何もかも役に立たず、夢の中のたはぶれなり。斯様に思ひて油断してはならず。足許に来る事なるほどに、随分精を出して早く仕舞ふはずなり。

（聞書第二）

## よく仕掛けした人形

——田代陣基と共に他出したときのことであろうか、山本常朝は道行く人を見て、こうつぶやいた。

常朝殿が道すがらいわれた。

なんとまあ、うまく仕掛けのできた人形ではないか。あやつり糸もつけていないのに、歩いたり、飛んだりはねたり、口まできくとは、さても上手な細工だわい。

来年の盆には、仏となってくるかもしれぬ。さてさて空しい世界であるのに、人間というものはさっぱり気づいてはおらぬようだ。

道すがら、何とよくからくつた人形ではなきや。糸を付けてもなきに、歩いたり、飛んだり、はねたり、物まで言ふは上手の細工なり。来年の盆には客にぞなるべき。さても、あだな世界かな、忘れてばかり居るぞと。

（聞書第二）

## ある遺言

小道具組頭、相良市右衛門《さがらいちうえもん》の遺言状には、最後のくだりにこう記されていた。

「右のように書き残しておいても、子孫たちがこの教訓を守ることは、まずなかろう。自分も、五歳のときから酒を好み、深酒をしたので、しばしば意見されたが、ついにいうことをきかなかった。しかし、意見されたときは、少しは控えたものである。だから、このように教訓を遺しておくのである」

相良市右衛門《さがらいちうえもん》書置の奥書に、「右の通り申置き候ても、子々孫々に至り、相守り申すまじくと存じ候。その謂はれは、我等五歳の時より酒を好み、大酒仕り候に付、たびたび意見に会ひ申し候へども、終《つい》に承引仕らず候。然れども意見に会ひ申し候脇は少し控え申し候。それ故、書置斯くの如くに候」と。

（聞書第六）

## 安住するな、住み替えよ

人間の能力はだれでも五十歩百歩だなどというが、鍛え方によっては、どのくらい高くなるか、量り知れないものだ。それなのに、このくらいでよかろうと考え、同じところに立ち止まって自慢などするようでは、退歩するばかりである。

こんな歌がある。

いづくにも心とまらば住みかへよ　ながらへば又もとの古里《ふるさと》

このように、一カ所に安住せず、住み替え住み替えしているうちに、はじめて人並みにもなるのである。自分の能力が少しでも高まってみると、はじめて、人間の能力は無限のものだということがわかってくるであろう。

——いささか趣《おもむき》を異にするが、家族、住居、女性のすべてにわたって安住を拒否した破滅型人生のハンター檀一雄はいう。

「(私は) 自分の身辺に、何であれ安定して積み重なってくるものを嫌悪するのかもわからない。かりにそれが、愛であってもだ」（『火宅の人』）。

また、高齢の身で探検行を重ねる西堀栄三郎博士は、創造性を発揮するために心が一カ所に固定してはならないことを強調してこういう。

「大事なことは、〝捉《とら》われない〟ということです。捉われることの、一番大きなものは、過去の自分の経験なり習慣なり、あるいは既存の法則とか、ルールとかいったたぐいのものです。……捉われた心では何もよい考えは浮かばないのです」（『石橋を叩けば渡れない』）。

それぞれの世界で、安住をいさぎよしとしない男たちの生き方があるのだ。

人のたけは、九分十分と申し候へども、何段ほどこれあるものに候や、無量のものなり。これまでと思ひ一つ所に滞り自慢などする事、なかなか卑き位なり。歌に、

いづくにも心とまらば住みかへよ　ながらへば又もとの古里

かくの如くに、また住みかへ住みかへせずしては、人並にもなるまじく候。我がたけ少し上り候時ならでは、無量事は存ぜぬものなりと。

（聞書第十一）

# 人生の極意

人間の一生は、まことに短いものだ。好きなことをして暮らすのがよかろう。夢の間の世の中で、好かぬことばかりして、苦しみながら暮らすのはおろかなことだ。

このことは、へたに聞かすと害になるから、若い連中にはついぞ語ったことのない極意である。

私は寝ることが好きだ。いまの境遇にふさわしく、ますます出歩かないようにして、寝て暮らそうと思う。

人間一生は、誠に纔《わずか》の事なり。好いた事をして暮すべきなり。夢の間の世の中に、好かぬ事ばかりして、苦を見て暮すは愚かなることなり。この事は、わろく聞いては害になる事ゆゑ、若き衆などにつひに語らぬ奥の手なり。我は寝る事が好きなり。今の境界相応に、いよいよ禁足して、寝て暮すべしと思ふとなり。（聞書第二）

# 七　切腹・殉死

『葉隠』は往々にして誤解されているような教訓集にはとどまらない。それは当時の武士階級の生態を記した史料としての価値も持っている。なかんずく、切腹や殉死に関しては、数多くの実例を集録しており、そのもようがリアルに描写されているのである。私たちは三百年前の武士道残酷物語をそこにうかがうことができる。

# 無法者の最期

小城《おぎ》藩士〔鍋島家支藩〕の野村源左衛門は優れた才能の持主で、あらゆることにかけて人一倍達者な男であった。とくに博打《ばくち》の腕は佐賀以西で随一といわれていた。他領にまで出かけて博打をし、このことが目付《めつけ》役人たちによって鍋島元武公〔小城藩の第三代藩主〕に報告された。そこで元武公は源左衛門をしばらく側役として身近にお使いになった。才能を惜しまれたための措置である。

ところが源左衛門はその後、通行証を持って長崎へ行き、博打で莫大な金銭を手にし、屋敷などを借りておき、しばしば丸山遊郭で遊興におよんだ。

これが露見したので小城藩から長崎へ役人が出向き、逮捕して連れもどった。藩の掟にそむいたのでついに切腹ということになったのである。そして、いよいよ検使が到着したとき、源左衛門は介錯人をにらみつけていった。

「わしが完全に腹を切りおわり、首を討てといったときに初めて介錯するのだぞ。声をかけないうちに切ってみろ。七代あとの子孫まで祟《たた》り殺してやる」

介錯人はいった。

「安心せい。思うようにやるがよい」

さて、源左衛門は腹に木綿を巻きつけ、十文字にかき切った。腸がとびだし、顔色がやや青ざめたが、彼はそのまましばらく目を閉じていた。やがて手鏡をとりだすと自分の顔色を見つめた。そして筆と紙を望んだので、脇から、

「もうよいのではないか」

といったところ、彼は目をかっと見開いていった。

「いやいや、まだすまぬ」

そして、紙を受けとると、こう書きつけた。

腰ぬけといふた伯父《おんじ》めくそくらへ　死んだる跡で思ひしるべし

終わって、「これを伯父に見せろ」と家来に渡し、

「さあ、よいぞ」

と、首を討たせたそうである。

また、源左衛門はこの切腹に先立ち、見張りの役人にこう打ち明けた。

「先年、与賀《よか》の馬場で三人切り殺されていて下手人が分からない事件があったろう。あれは、わしが博打の遺恨でやったものだ。夜明けのことで、通りがかった者もいたのに、いまだにだれも知らぬとは、どうも不思議だ」

さらにまた、こんなことも話したという。

「先年、博打に負けてがっかりし、気晴らしに辻切りでもしようと思い、多布施〔佐賀市上多布施町〕で待っていたところ、北から男がひとりやってきた。これだと思って切りかかると、男は、

『怨まれる覚えはない、人違いであろう。わしはお道具方の何某という者で、お城へ交代しに行くところだ。わけをいえ』

といったが、耳をかさずに切りかかっていたので、相手は、

『さては辻切りだな。よし、それならば』

と、かさにかかって切り返してきた。しばらく競りあったが、わしはだんだん受け太刀になり、危くなってきたので、土手のところを少しずつ東に下っていった。なおもやたらに切り込んできたから、仕方なく一散走りに神野《こうの》〔佐賀市神野町〕のほうへ逃げだした。

その男はうしろから『卑怯者、卑怯者』とどなったが相手にせず走っていくと、あきらめたのか、それ以上は追ってこないようだった。追いつかれたら一か八か勝負するよりないと思ったが、向うはどうなるだけであった」

——この源左衛門については、なおこんな行跡もあったという。

嘉瀬〔佐賀市嘉瀬町〕のある家で、車座になって博打に熱中していたころ、この家の赤ん坊が這って背中にまつわりついてきたのを、ひじで突きのけたところ、急所に当たり即死してしまった。

母親は声をあげて泣きだし、一座の者も呆然とした。そのとき源左衛門は、母親をおさえつけていいきかせた。

「そんなに大声で泣くと、隣り近所に聞こえて、ここにいる者はひとり残らずお仕置にあうのだ。堪忍してくれれば、この場の銭《ぜに》は全部お前にくれてやる。それでみな命が助かるのだから、だれも銭など惜しくはない。お前のほうも、いまさら生き返らぬ子のことを嘆き、人の命をとったところで仕方があるまい。もし、これを聞き分けなければ、まずお前を手にかけ、亭主を切り倒し、わしは自害しよう」

夫婦とも納得したので、銭をかき集めて残らず与え、それから医者へ「せがれが急病で」

と使いを出した。医者が途中までできたと思うころ、また使いをやり、「たったいま息を引き取りましたので、お出でにはおよびません」といわせた。隣り近所にも、病死ということにして落着したという。

野村源左衛門切腹の事　源左衛門は小城家中にて、器量勝れたる者にて、芸能などは何事にても人に劣らぬ者にて候。博奕《ばくち》仕り候事は西目一と申し候。他国へ参り、博奕致し候。この事紀州へ目付ども言上に付て、源左衛門を暫く側役に召使はれ候。御惜しみ候故にて候。その後往来札を持ち長崎へ参り、夥《おびただ》しく金銀を打取り、屋敷などを求め置き、不断丸山へ参り遊山致し候。この事相聞え候故、小城より取手差越され、召取り連れ越し候。

御国法背き候間、切腹申付くべき由にて、検使参り候に付、介錯人へ申し候は、「存分腹を切り、とくと仕舞ひ候て、首を討てと申す時切るべし。もし声をかけざる内に切りたらば、うぬし七代まで祟り殺すべし」と睨み付け候。介錯人、「心安かれ、存分に任すべし」と云ふ。さて、腹を木綿にて巻立て、十文字に切り、前に腸《はらわた》出で候時。少し色青くなり候が、暫く眼をふさぎ居り候て、小鏡を取り出し、面色を見、

硯紙を乞ひ候時、脇より、「最早よきにてはなきか」と申し候へば、眼をくわつと見開き、「いやいや、まだ仕舞はず」と云ひて、

腰ぬけといふた伯父《おんじ》めくそくらへ　死んだる跡で思ひしるべし

と書きて、「これを伯父に見せよ」と、家来に渡し、「さあ、よいぞ」と云つて首を打たせ候由なり。また切腹前に番人に物語申し候は、「先年与賀の馬場に三人切倒して有りたるは、博奕の意趣《いしゅ》にて、切殺したり。終に切手《きりて》知れず。夜明の事にて、通りて見たる者も有りたるに、今に人の知らぬ事なり。不審なり」と申し候由。

また「先年ばくちに打負け、気草臥《きくたびれ》にて、せめて気晴しに辻切すべきと思ひ、多布施に行つて待つ処に、北より一人来たる。これぞと思ひ、切懸《かか》り候へば、この者申し候は、『我、意趣の覚《おぼえ》なし。もし人違か。お道具方何某と云ふ者なり。お城に番代《ばんがわり》に行き候、何たる仔細か』と申し候へども、聞き入れず、切懸り候故、この者申し候は、『さては辻切と見えたり。さらば物見せてくれん』とてかさ高に切りかかる。暫くさすり合ひ候へば、次第に請太刀になり、ことの外あぶなく候故、土井を少しづつ東におり候へば、なほなほ手しげく切懸り候故、是非に及ばずながら、逸足《はやあし》を出して神野《こうの》の方へ逃げ退き候。跡より声をかけ、『卑怯者々々々』と申し候へども、かつて

取合はず、宿許へ帰り候との所存にや、余り追ひ来らず候。追付かれ候はば二ツ取りと存じ候へども、声を懸くるまでにて候」と話し候由。

また嘉瀬にて車座に居て、博奕にとんじ入り候処に、亭主の二ツ子、後ろより這ひかかり候を臂《ひじ》にて突きのけ候へば、急所に当り、忽ち相果て候。母親声を立て泣出し、一座の者あきれ果て候。その時母を取っておさへ、申し聞け候は、「其方《そのほう》声を立て嘆き候へば、隣近所に聞え、この座中の者一人も残らずお仕置に逢ふ事なり。堪忍致し候はば、座中の金銀残らず取らすべし。命にかへる物ならば、惜しむ者独《ひとり》もなし。帰らぬ子の上嘆き、人の命を取りたるとても、詮はあるまじ。もしこの事聞分《ききわけ》なくば、まづ其方を手に懸け亭主を切伏せ、我等自害すべし」と申し候故、女夫《めおと》ながら得心申し候、金銀払ひ寄せ、皆くれ候て、さて医師へ人遣はし、「伜急病」と申遣はす。医師半分道参り候積りいたし、また人をやり、「ただ今相果て候お出に及ばず」と申し遣はし候。隣近所へも、病死に仕なし、事済み候由なり。

（聞書第八）

## 娘の駈落ちで一家切腹

鍋島助右衛門殿〔藩祖直茂の甥に当たる〕のお屋敷近くにある法華寺で法話があり、助右衛門殿の息女がこれを聞くといって出かけた。ところが、この息女がそのまま同家の若党と駈け落ちしてしまった。

あちこち探索したが、その行方はわからなかった。

やがて歳月がたち、この息女が肥後藩の家老に妾《めかけ》奉公していることが知れ、たびたび引き渡しの使いを出したが聞かれなかった。

そこで、肥後藩に知己の多い成富兵庫に引き渡し交渉の使いとして白羽の矢がたった。

兵庫はただちに熊本へ出向き、加藤清正公にお目にかかって願い出た。

「かの女人を引き渡してくださいますように」

しかし、清正公は、

「当方を頼ってきた者であるから、引き渡すわけにはいかぬ」

と断わった。そこで兵庫はこういった。

「朝鮮出陣にさいし、殿が窮地に立たれたとき、それがしがお力添え申し上げましたところ、『この礼に今後その方の申すことはなんでも叶《かな》えるであろう』といわれましたな。そのお礼を頂戴にまいったのですが、おことばをお忘れになりましたか」

「そういわれてはやむを得ぬ。引き渡すことにするが、命だけは助けてやってもらえまいか」

清正公がこういわれたので、

「お気持はたしかに」

と答えて連れ帰った。

帰国後、この息女は自害した。

一方、助右衛門殿親子にも切腹を仰せつけられ、検使がその屋敷を訪れてこの旨を申し渡した。

助右衛門殿は、ちょうど碁をうっておられたが、

「承知いたしました。まず、碁をご覧ください」

と最後まで対局をすまされた。

そこへ十八人の家来が出てきて追腹を申し出た。

検使は、「それはいかがなものかな」とためらったが、助右衛門殿の子息、織部殿が庭に下りてこういった。

「いさぎよいことだ。私が介錯してやろう」

そして、十八人の首をつぎつぎに打ち落としたうえ、父子ともども切腹して果てた。屋敷に沿った川が血染めの流れとなったので、当時「血川」と称したそうである。

助右衛門殿の末の子二人は、乳母たちが抱いて逃げのびた。後、成長して許され、勝茂公に仕えた蒲原《かもはら》善左衛門と蓮池支藩に仕えた鍋島又兵衛がこれである。また、同じく助かった織部殿の子〔すなわち助右衛門の孫〕は、後に鍋島源右衛門となり、有馬の陣に従って戦功をあげた。

さて、この事件のとき、直茂公は、

「気のきいた者がいなくて残念じゃ」

とつぶやかれたそうである。これは、助右衛門殿の命乞いをする人がいなかったことをさしたのであろう。

○肥後藩に……成富兵庫――朝鮮の役にさいして、鍋島直茂と肥後の加藤清正とは、ともに先鋒をつとめた。そのとき佐賀藩の成富兵庫は両藩の連絡に当たり、とくに蔚山《うるさん》の攻防では加藤清正を助けて奮戦した。その縁で兵庫がさしむけられたのである。

——この切腹は慶長十八年（一六一三）十月十三日のことであった。『葉隠』が書かれたときは、この事件からすでにほぼ百年たっていたわけだが、その鮮烈な印象が常朝の時代まで語り伝えられてきたのであろう。佐賀、熊本の間をさすらったひとりの女性の悲劇と封建残酷物語が期せずして語られている。

鍋島助右衛門殿近所の法華寺（浄土か）に談義これあり、聴聞のため助右衛門殿娘参詣、寺より直ちに若党と二人駈落、方々探索候へども相知れ申さず候。ほど過ぎ候てより、肥後の家老に妾奉公に仕へ居り申し候段相聞え、取手たびたび遣はされ候へども差出し申さず候に付て、成富兵庫仰付けられ候。

即ち熊本へ罷越し加藤主計頭《かずえのかみ》殿へお目に懸り、「右女差出され候様に」と申され候へども、「此方へ駈込み申したる者に候へば、相渡し候事罷成らざる」由に候。その時兵庫申し候は、「御自分高麗《こま》にて御難儀を見次ぎ申し候節は、この返礼に何事にても以来承るべし、と仰せられ候。この御無心を右の返礼に申請くべくと存じ罷越し候が、御一言無に成され候や」と申され候。主計頭殿、「この上は力及ばず相渡すべく候。命をお助け給はるべきや」と御申し候に付、「その意を得候」由申し候て連れ帰り、後に生害。

さて助右衛門殿父子には切腹仰付けられ候旨、検使押懸け遣はされ候。折節、碁を打ち居り申され候処、検使罷通り申渡し候へば、「ごもつともの御事に候。まづ碁を御覧候へ」とて打ち仕舞ひ申され候。然る処、家来ども十八人罷出で、「お供仕るべく」と申し候。検使、「如何」と申され候へども、子息織部殿庭に下り、「思ひ切つたる者どもに候間、某《それがし》介錯仕るべし」と、十八人共に首打落し、父子切腹なり。屋敷沿ひの川、一筋血に染み申し候故、その頃は血川と申し候由。

助右衛門末子二人、乳持ども抱き逃げ申し候。蒲原《かもはら》善左衛門、蓮池鍋島又兵衛なり。織部殿の子、後に鍋島源右衛門と申し候。右の節、直茂公仰せに、「人を持たずして事を欠く」と御述懐にて候由。これは助右衛門殿を申乞ひ候人これなき故にて候やとなり。

（聞書第六）

## 君前で小便をして切腹

鍋島次郎右衛門は、光茂公の高伝寺参詣にお供をしたとき、主君の眼前で小便をしたかどで切腹を仰せつけられた。そのとき、私〔常朝〕はさる人にたいし四段構えの措置をとるよう進言した。

まず、世の反響を考えずにこのようなことで処刑したのでは、政道に悪評が立つであろう。切腹の議などが出ても、とりあげるべきではない。

つぎに、取調べのとき、本人に適当な嘘の言いわけをさせ、これを認めるかたちで不問に付すようにすべきである。

さらに、やむを得ず処罰するとしても、先祖の功を持ち出し、次郎右衛門の祖父が島原の乱で敵から奪った天草四郎の旗を、先年、将軍の上覧に供したことなど言上し、切腹処分までにいたらぬようにすべきである。

右の三つの手順がうまくいかないときに初めて、切腹処分に同意すべきである、と。

――常朝の進言は容れられず、鍋島次郎右衛門は切腹となった。元禄六年（一六九三）春のことである。戦国の野放図さが消え、形式的秩序の締めつけが厳しくなってきたことがうかがえる。

鍋島次郎右衛門切腹の時、何某へ四段の意見有り。お仕置のうちに、世上の聞えを憚《はばか》らずしてはかへつて御悪名《あくみょう》に成る事あり。最初この沙汰ありとも、取立てられざるはずなり。次に究めの節、偽り候はば、その分にて差置かるるはずなり。その次に咎《とが》の詮議の時、先祖の功、先年公儀へ四郎が旗御覧成され候儀申し達し、差留むべき事なり。その次に右の条々成り難くば、御同意申上げらるべき事なり。（聞書第一）

# 朝帰りで切腹

北島作兵衛は光茂公の近侍として仕えていたが、あるときお召しを受け、緋縮緬の下着を着てまかり出た。

糾明の結果、作兵衛は神代弁之助殿〔川久保邑主〕と男色関係にあり、前夜、弁之助殿のところへ一泊し、その下着を着たまま出仕したということが露見した。

そのため作兵衛は切腹を仰せつけられた。このとき、光茂公は大石小助にいわれた。

「刃のない刀で切るように」

小助は、かしこまりましたと承知したが、刑場の寺へいくと、普通の刀で介錯したという。この事件で北島家の苗字は廃され、田原と改められたという。

――「刃のない刀で切るように」という惨酷さは異常な憎しみを物語っている。光茂は、北島作兵衛を男色の相手にしていたのではないだろうか。

北島作兵衛お仕置の事　作兵衛儀お側に相勤め候。ある時、光茂公召させられ候処、緋縮緬の下着仕り罷出で候。御穿鑿《せんさく》なされ候処、神代弁之助殿へ恋慕仕り前晩弁之助殿方へ一宿致し、弁之助殿下着を着仕り罷帰り、そのままにて罷出で候由。この事顕然に付て、切腹仰付けられ候。その節大石小助に、「刃引刀《はびきがたな》にて切り候様に」と仰付けられ、畏《かしこ》まり奉り候由お請け申上げ、直ちに寺へ罷越し、常の刀にて介錯仕り候。この時北島名字相潰され、田原と改め申し候由。

（聞書第八）

## 刑場の珍事

光茂公にお仕えする小姓のなかに、友田正左衛門という男がいた。

浮気者で、多門正左衛門という役者に熱をあげ、紋ばかりか名前までも、その役者の名をとって同じ正左衛門と改めたほどである。男色狂いのあげく、衣類、道具までいれあげ、暮らしに困って同僚馬渡六兵衛の刀を盗み、槍持ちにいいつけて質に入れた。

槍持ちが訴え出て、事件が発覚し、正左衛門と槍持ちは死罪となった。

取調べ役は山本五郎左衛門であった。殿への罪状陳述にさいし大声で、

「主人を訴え出ましたのは、槍持ち何某でございます」

と申し上げたところ、光茂公は即座に、

「打ち殺せ」

といわれた。

さて正左衛門に死罪を申し渡すとき、山本五郎左衛門も立会って、

「もはやすべてをあきらめ、りっぱな最期を遂げられよ」

といったところ、

「さてもありがたいそのおことば。よくわかりました」

とおちついたようすであった。

だが、だれの考え出したことか、処刑を手ぎわよく行なうため、本人には介錯人はだれだれだといってだましておき、御徒士《おかち》の直塚六右衛門が横から不意に切り殺す手はずが整えられた。

いよいよ刑場にひきだされて座につき、介錯人だと聞かされた者が向こうにいるので、正左衛門はおちついて挨拶した。ところが、そばに刀を抜いている者を見て、

「そなたはだれか。お前などに首は切らせぬ」

といって立ち上がったとたんに心が乱れ、死ぬのをいやがって暴れ出した。ようやくおさえつけて首を切り落としたのであった。

「だまそうなどとしなかったなら、りっぱな最期を遂げたであろうに」と、五郎左衛門があとで内輪話をしたという。

友田正左衛門切腹の事　光茂公お供立、前髪お小姓の内に、正左衛門召連れられ候。浮気者にて、芝居役者多門正左衛門と申す立役者に恋慕致し、紋所も替へ、名も正左衛門と改め申し候。野郎狂ひに衣類諸道具まで打込み、その末手立て尽き、馬渡六兵衛の刀を盗み、槍持に持たせ、質に置き申し候。この段槍持申出で候。お究《きわ》めの上、正左衛門並に槍持死罪仰付けられ候。究役《きわめやく》山本五郎左衛門にて候。披露の時、声高に、「主人の上を訴人仕り候が、槍持何某にて候」と申上げ候。即座に、「打ち殺せ」と御意なされ候。さて正左衛門へ仰渡しの節、五郎左衛門も参り、「最早《もはや》跡の事は捨たり申し候。死場おたしなみ候へ」と申し候へば、「さてさて忝《かたじけな》き御一言にて候。その意を得候」と落着き居り申し候が、誰の智慧にて候や、介錯人を誰と申聞け、だましし候て、御歩行《おかち》直塚六右衛門脇より切り申す仕組にて候。さて死場に直り候へば、介錯人は向ふに居り候に、なるほど落着きたる会釈仕り候処を、脇にて刀を抜き候を見候て、「そなたは誰にて候や。其方に首は切らせ申さぬ」と云ひて立上り候が、それより心みだれ、散々未練仕り候を取伏せ引張り、切落し候由。「だまし申さず候はば、見事に死に申す事もこれあるべく候ものを」と、五郎左衛門隠密話の由。

（聞書第七）

## ノイローゼ自殺

――切腹の原因には今日、想像もつかぬさまざまなものがあった。第三代藩主綱茂の時代、倉町勘左衛門という藩士が、江戸屋敷から佐賀の国許へ急使を命ぜられての途中、熱田で発狂し、自ら切腹をはかった、桑名への定期船に乗り遅れたのが原因であった。尾州家の役人に制止されて正気にもどり、佐賀から引き取り手がきたが、尾州家をわずらわせたということで結局は切腹を命ぜられた。

マジメ人間のノイローゼであろう。到着期日に遅れるというのは当人にとって大問題であったらしく、以下は切腹にはいたらなかったものの、やはり旅の途中で逆上し、浪人した男の記録である。

綱茂公の時代になってからのことである。村上源左衛門が国表《くにおもて》から江戸屋敷への使者を命ぜられ、道中を急いでいたところ、三島で乱心し、馬からとびおりて、喉に刀をつきたてようとした。

宿駅の者がおさえつけ、江戸屋敷へ急報したので、江戸屋敷から留守詰《るすづめ》の者が派遣され、源左衛門は駕籠《かご》で佐賀へ送り返され、御用の荷物は江戸へ引きとられた。

源左衛門は帰国のうえ、浪人を仰せつけられたのであった。

後に源左衛門はこういったという。

「三島を通ったとき、向こうからやってきた馬方が『箱根の夜越えはできませんよ』というのを聞き、それでは命ぜられた日までに江戸に到着できないと考えたとたんに、しまったという思いがこみあげ、自害しようとしたのです。引きとめられて、すぐ正気にもどりました」

ということであった。

連日の旅の疲れに、心のあせりが加わって、こうなったのだという。

村上源左衛門乱心自害の事　綱茂公の御代、源左衛門江戸御使者仰付けられ、道中急ぎ罷越し、三島にて乱心致し、馬より飛下り、喉に刀立て候を、宿の者取留め、江戸お屋敷へ注進致し候に付て、お留守詰の者遣はし、源左衛門は籠輿にてお国へ差下し、御用物江戸へ取寄せ申し候。罷着き候上、浪人仰付けられ候なり。

源左衛門後の話に、「三島罷通り候時分、向ふより参り候馬方、夕越はならぬぞと申し候を承り、さては日限に合はせ江戸参着相叶《かな》はず、無念の儀とせき上り、自害仕るべくと致し候。取留められ候へば、忽ち本気になり候」由。数日疲れ、心せき候に付て右の通りの由なり。（聞書第六）

# 介錯の仕方

何某が切腹したとき、介錯人が首を打ち落とそうとしたところ、皮の部分が切りきれず、首がたれさがった。検分の役人が、

「皮が残ったな」

というと、介錯人は腹を立て、首をつかんで切り落とし、目よりも高くさしあげて叫んだ。

「ご覧なされましたか」

そこで、一同、鼻白んだという。助右衛門殿の話である。

古来のしきたりによると、介錯のとき首が飛ぶこともあるので、検使のほうへ飛ばないよう、皮を少し残しておくのがよいといわれているそうだ。しかし、当今ではすっぱり打ち落としたほうがよいとされている。

また、首を五十あまり切ったことのある者の話によると、こういうことだ。

「首によっては胴体ほどの手ごたえがあるものもある。一時に多く切るとき、初めの三つぐらいまでは軽く切れるが四つ五つになると、かなり切りにくくなってくる。介錯というのは大切なことだから、大地まで切りさげなければならぬ、と考えて念入りにやれば、仕損じはないものだ」

――切腹と介錯　「切腹人が指定の席に西面して坐ると、介錯人はその左斜めの背後に立つ。この時早くも気づかれないように介錯刀を抜き放っているのである。中古よりの切腹の方式は、まず刀を左腹部に突き立て、右の方へ引廻し、一旦これを抜いて取り直すと、胸下みぞおちを刺して心臓を貫く。さらにその柄を逆にとり、仰向きの手をひるがえして下腹へ押下げ臍に至るが、なお気力あれば同じ刀で咽喉を突くのだ。

しかし江戸の中期からだんだん形式的となって、介添人から切腹刀を拝受しようとする時か、その刀を突き立てる寸前、またはそれを左腹部に突き立てた瞬間、呼吸を計って介錯人が首を斬り落す。下役がすかさず首級の髻を取って、片膝を折る姿勢で検使の実検に供するのであった」（稲垣史生編『三田村鳶魚江戸武家事典』）。

さらに形式的となって、切腹人が紙に包んだ扇子を腹へ当てるのを合図に介錯人が首を切るという方式もあったようである（扇子腹）。そうなると介錯人の役割はますます大きくなるわけで、精神と技量がよほどすぐれていなければならなくなる。

何某介錯の時皮少し懸り候事　何某切腹の時、介錯の人首打落し候へば、皮少し懸り申し、御目付衆、「かかり候」と申され候。介錯人立腹いたし、首を摑み切落し、目より高く差上げ、「御覧成され候や」と申し候て、無興に相見え候由。助右衛門殿話。

古来の詮議には、首飛び申す事もこれ有るものに候。検使の方へなど飛び申さざる様にと候て、皮を少し切残し申したるがよく候と申し候由。然れども当時は打落したるがよきなり。また首五十切りたる者の話に、「首によりて一つの胴ほどに手ごたへするもこれ有り候。初め首三つばかり切り候までは、手に覚え申さず、よく切れ申し候。四つ五つに成り候ては、よほど手ごたへ致すものに候。とかく大事のものに候間、いつにても平地までと思召し候はば、仕損じ有るまじき」と申し候なり。

（聞書第八）

## 機転の掛け声

槙口《まきぐち》与兵衛は一生のあいだに数人の介錯をした。

金原某の切腹を介錯したときのことである。金原某は腹に刀を突きさし、引きまわそうとしたが、まわしかねた。これを見た与兵衛は、そばにより、エイッと掛け声をかけて大地を踏んだ。そのはずみに勢いを得て、金原某は刀を一文字に引きまわすことができた。

介錯がすんだあとで与兵衛は、

「親しくつきあっていた者を、役目とはいえ……」

と落涙したそうである。

槙口与兵衛介錯の事　与兵衛一生数人介錯仕り候。金原何某切腹仕り候節、与兵衛介錯請合ひ、腹に刀を立て引廻し候処に、廻りかね申し候。与兵衛側に寄り、ヱイ声を懸け、地踏み仕り候。その勢にて一文字に引廻し申し候。介錯相仕舞ひ候上にて、「かねて他事なく寄合ひ候者を」と、落涙仕り候由。助右衛門殿話。（聞書第八）

## 親が介錯して切腹さす

森門兵衛の嫡子某が喧嘩をし、負傷して帰ってきた。門兵衛が、

「相手をなんとしたか」

とたずねたところ、切り倒したという。

「止《とど》めをさしたか」

と聞くと、

「いかにも、止めはさしました」

と答えた。そこで門兵衛は、

「りっぱに為遂げたからには、思い残すことはあるまい。いま逃げたところで、いずれは切腹せねばなるまい。時機を失した後に、腹を切って人の手にかかるよりは、ここで親の手にかかるがよい」

といって、その場で介錯したという。

――取調べを受け罪名がきまってから切腹となると、その罪状によっては連座や家名断絶も考えられる。ところが取調べを受けるまえに自分から切腹してしまうと、本人死亡のため「不起訴」となることもあったようである。

森門兵衛、倅打捨て候事　門兵衛嫡子何某喧嘩いたし、手負ひ候て参り候に付、「相手を何と致し候や」と尋ね候へば、切伏せ候由申し候。「止めをさし候や」と尋ね候へば、「なるほど止めもさし候」由申し候。その時、門兵衛申し候は、「よく仕舞ひ候へば、この上存じ残す事はあるまじく候。ただ今遁《のが》れ候ても、いづれ切腹仕る事に候。冷腹《ひえばら》を切り、人手に懸らんよりは、今親の手に懸り候へ」と申し、即時に介錯仕り候由。（聞書第九）

# 放討《はなしうち》の惨事

石井縫殿助《いしいぬいのすけ》組に属する藩士に石井与左衛門という者がいた。悪事を企てたということで、勝茂公から組頭の縫殿助に彼を放討にするよう命ぜられた。

縫殿助は、当の与左衛門に洩れないよう、家人にも内緒にし、伊東彦右衛門という家来ひとりにそっといいつけて供をさせ、鹿江村《かのえむら》〔現在、佐賀県川副町〕の石井与左衛門宅へおもむいた。

夜のことで、与左衛門は、火鉢で松明《たいまつ》をたき明りをとっていた。

「先日来、問題となっている貴殿の事件につき伺いをたててみたところ、有罪ときまったようだ。弁明することはないかどうか、相談のためまいった」

縫殿助がこういったところ、与左衛門は、

「それはそれは、かたじけないことです。まずは一献さしあげて」

と台所へ立っていった。

縫殿助は、ここを逃がしてなるものかと飛びかかり、組み合っているうちに、火鉢を蹴とばしたため暗闇になった。

家来の伊東彦右衛門が、かねての打ち合わせどおり刀を抜いて切りつけたが、暗闇のため、上になっている主人の腰を切ってしまった。

「わしは縫殿助だぞ」

彦右衛門は狼狽のあまり外へ跳び出し、そのまま自害した。

さて縫殿助は、腰を切られながらも、与左衛門の首をかき切り、自分もその場で絶命した。

放討の命令が出たという話を聞いて、縫殿助の親戚の石井六兵衛がまっさきに駆けつけたところ、与左衛門一家の者が槍や長刀《なぎなた》で刃向かってきた。そこへ組の面々がしだいに集まり、一家を残らず打ち取った。

このことが藩公のお耳に入り、十三歳になる縫殿助のせがれ塩童《えんどう》を召し出して家督を相続させるようお沙汰があった。

だが、塩童は、こう申し上げた。

「ありがたいことながら、家督のことはご辞退したいと存じます。私は養子でございます。私の入籍後、実子の倉法師《くらほうし》が生まれましたので、亡父縫殿助も倉法師に家督を譲りたいと考えていたことでございましょう。なにとぞ実子の倉法師に相続を仰せつけられ、私は無禄でお使い下さるよう願い上げます」

勝茂公はこれを聞かれ、

「若輩ながら神妙である。では倉法師に六百石、塩童に百石と分かち与えよう」

といわれたが、塩童がさらに、

「重ね重ねありがたくは存じますが、縫殿助はなんの失態もありませんでしたのに、その死後、相続に当たって知行が減るのはいかにも残念でございます。すべて倉法師にお与えくださり、私は無禄で奉公させていただきます」

というので、倉法師に家督をそのまま相続させた。そして、塩童には、協力するようにと、七十石を与えられることになった。

この塩童はもともと高麗の帰化人、林栄久《りんえいきゅう》の嫡子で、縫殿助の養子になっていたのである。

○放討《はなしうち》――刑場で処刑するのでなく、身柄不拘束のまま不意に追手をさしむけて斬殺する刑罰である。討つほうも討たれるほうも数々の悲劇を生んだ。
○火鉢で松明をたき――当時、江戸市中では燈油に芯を立てて照明していたが、地方や下層の家庭では、家の中でも松明を燃やして明りをとっていたのである。
○林栄久――鍋島直茂が朝鮮の役に出陣して帰国のとき連れ帰った朝鮮人。帰化して直茂、勝茂に仕えた。長男塩童は後に石井弥七左衛門となり、有馬の役に功をたてて二百五十石取りとなった。次男の林形左衛門は勝茂の嫡子忠直に殉死。三男は藤竹源右衛門となり小城支藩に仕え有馬の役で功をたてるなど、それぞれ名だたる鍋島侍となった。排外的愛国主義の権化のように見られてきた鍋島藩だが、開明的な一面もあったということがうかがえる。

石井縫殿助《いしいぬいのすけ》放討《はなしうち》の事　縫殿助組内石井与左衛門と申す人、奸謀事これ有るに付て、勝茂公より縫殿助に放打仰付けられ候。与左衛門方へ洩れ聞えざる様に、この事家内にも沙汰致さず、家来彦右衛門と申す者一人に潜《ひそ》かに申聞かせ、鹿江《かのえ》村与左衛門宅へ参られ候。与左衛門は火鉢に松火《たいまつ》をたき居り申し候。

縫殿助申し候は、「この間より御自身身上の事、承り合ひ候へば、科《とが》に仰付けらるるに相極り候由に候。もし申《もうし》抜《ひら》きなどはこれなきや、相談の為参り候」由申され候へば、与左衛門、「さてさて忝《かたじけな》き事に候。まづ御酒を上げ申すべく」と申し候て、勝手に参り候に付て、ここをのがし候てはなるまじと飛懸り、組合ひ申され候処に、火鉢を踏返し、暗闇になり申し候。

縫殿助家来彦右衛門は内談の通りに刀を抜き、闇打に切り候へば、主人上になり居り候を、大腰切落し申し候。その時、「我は縫殿助なるぞ」と申され候に付て、彦右衛門うろたへ駆出で、後に自害仕り候。さて縫殿助は腰切落されながら、与左衛門が首をかき落し、共に相果て申し候。放討仰付けられ候儀追て聞付け、三郎太夫祖父六兵衛一番に駆付け候処に、一家の者槍長刀に出向ひ候。同組衆だんだん集り、一家残らず打捨て申し候。

右の段お耳に達し候に付て、縫殿助伜塩童十三歳に成り候を召出され、家督相違なく仰付けられ候段、御家老中仰渡され候。塩童お請けに、「有難く存じ奉り候へども、家督の儀に付て御断り申上げたく候。某《それがし》儀は養子にて御座候。のち実子倉法師出生仕り候。縫殿助内存にも、倉法師に家督を譲りたく存じ居り申すべくと存じ候。実子の儀に御座候へば、倉法師に家督仰付けられ、某儀は無足にて召使はれ下され候様に願ひ奉り候」由申上げ候。

勝茂公聞召され、「若輩者神妙の申分にて候。さ候はば倉法師に六百石、塩童に百石下さるべき」由仰渡され候処、塩童また申上げ候は、「重畳有難く存じ奉り候へども、縫殿助仕落ちも御座なく候処一跡の知行減じ候儀残念に存じ奉り候。ただ某は無足にて御奉公申上ぐべく」と申し候に付て、倉法師家督相違なく仰付けられ候。塩童には内証にて「合力仕り候様に」と仰付けられ候。それ故七十石遣はし置き候由。塩童は高麗《こま》人にて林栄久《りんえいきゅう》嫡子にて候。

（聞書第八）

## あわや返討ち

相浦《あいうら》源左衛門組の者に不都合なことがあって、放討《はなしうち》にせよという書付けを、家老が人もあろうに処刑されるその当人に持たせ、源左衛門のところに届けさせた。

源左衛門は書状を開いて見て、この者にいった。

「その方を放討にせよといってきた。東の土手でやるとしよう。その方にも剣術の心得があろう。運命とあきらめて、精いっぱい立ち合うがよい」

相手は、

「かしこまりました」

と答えたので、当人ひとりを召しつれて出かけた。そして十間堀端《ばた》にさしかかったとき、堀の向うにいた源左衛門の家来が、彼らを見て声をかけた。

「やあ、これはこれは」

源左衛門がふりかえったすきに、相手は刀を抜いてかかってきた。

源左衛門は引き下りざま抜き打ちに仕留めて立ち帰った。

源左衛門はそのとき着ていた衣類を長持に入れて封をし、一生人に見せなかった。源左衛門の死後、開いてみると、襟に切りさきがあったという。源左衛門のせがれがそう話したということだ。

一説によると、これは源左衛門宅の門内でのできごとで、うしろで刀を抜く気配がしたので源左衛門がふり返ったとたん、雪駄《せった》をすべらせた。源左衛門は仰向けに倒れながら刀を抜き、寝たまま横払いに相手の両手を切り落とし、立ち上がって仕留めたのだともいう。

相浦源左衛門放討の事　源左衛門組の者、不届これ有るに付て、討捨て申すべき由の切紙を、右組の者へ御家老衆より相渡され、源左衛門所へ持参申し候。源左衛門披見候て、右の者へ申し候は、「其方を打捨て候様にと申来り候。東の土手にて討捨て申すべく候。かねて剣術など仕たる事に候。これまでにて候間、其方精一ぱい働き候へ」と申し候へば、「畏《かしこ》まり候」と申し候に付、その者一人召連れ、立出で申し候処、十間の堀端を通り候時、堀向に源左衛門被官居り申し候が、「それそれ」と呼はり申し候故、源左衛門振返り候へば、右の者刀を打懸け申し候。引きしざり、抜打に討留め罷帰り候。その時の衣裳を長持に入れ、封し置き、一生人に見せ申されず候。死後に見候へば、襟通り切りさきありたる由。伜源左衛門話し申し候由。金丸氏話。

一説に、この時源左衛門門の内にて、跡より抜懸り候様子に付、源左衛門ふり返り候へば、雪駄すべりあふなきに倒れさまに大小抜き、寝ながら払ひ候て、組の者の両手切落し、立上り打留め申し候由なり。（聞書第九）

## ある殉死

——以下、追腹つまり殉死について『葉隠』の記録を見よう。殉死は、「自分の子孫にたいする永久保証をとりつけるためであった」という見方がある。だがそれだけでは、ここにあげるような殉死者の心理は理解できない。「士ハ己レヲ知ル者ノタメニ死ス」が主観的現実だったのである。ともあれ、鍋島藩は、山本常朝の仕えた第二代藩主光茂の代に、天下にさきがけて追腹禁止令を出している。したがってこの実例は勝茂の時代までである。

勝茂公が江戸屋敷で逝去されたということが、飛脚によって佐賀に急報された。

その日、軽輩の大島外記は屋敷前の畑で野良仕事をしていた。そこへ女房がきて知らせた。

「殿様が亡くなられたという飛脚がきたそうですよ」

外記はただちに帰宅し、

「行水《ぎょうずい》の湯をわかせ。帷子《かたびら》を出せ。わしは追腹を切るぞ」

と仕度を始めた。家人が集まり、身分不相応なことだからと引き止めた。だが外記は、

「先年、西目《にしめ》で殿が狩をなさったとき、わしは御前で大猪を一太刀で仕留めた。その場でお側近く召し出され、だれの組の者かとおたずねがあったので、福地覚左衛門組の者でございますと申し上げた。すると、『さてさて曲者《くせもの》よ、よい家来である、なにかとらそう』と仰せられ、お巾着の銀ひとつかみ〔一匁《もんめ》銀十二枚〕を拝領した。このとき、やがてはお供しようと決心したのだ。だれに止められても、やめるわけにはいかぬ」

といって追腹を切ったという。

外記の孫で徒士《かち》となった善助は後に「そのとき九歳になっていたので覚えております」

といっていた。

大島外記追腹の事　勝茂公御逝去の段、御飛脚にて申来り候。その日外記は屋敷前の畠に居り申し候に、女房参り侍従様御死去の御飛脚参り候と申す人候由申候へば、即ち帰り、「行水を沸かし候へ、帷子《かたびら》を出し候へ、我等は追腹仕り候」由申候て、身仕舞いたし、いづれも打寄り、下々の相似合はざる儀無用の由差留め候時、外記申し候は、「先年西目御狩の時、お目通りにて大猪を一刀に切り申し候。即ち御前に召出され、何某組にて候やとお尋ねについて、福地覚左衛門組の者にて候と申上げ候。さてさて曲者かな、よき被官なり、何がなと仰せられ、お巾着の御銀一つかみ（数十二、十二匁）拝領され候。御銀を戴き申し候時、お供仕るべしと存じ込み候。誰がお留められても留り申さず」と申し候て、追腹仕り候由。外記孫御歩行善助話に、「その時九歳に罷成り覚え居り候」と話し申し候由なり。（聞書第八）

## 知遇に感じて

勝茂公の嗣子忠直様が亡くなられたとき追腹を切った林《はやし》形左衛門《ぎょうざえもん》は、忠直様の生前、お側に適当な人物がいないというのでとくに望まれ、江戸屋敷に上って出仕することになった。

そして、その仕度中に、江戸から忠直様ご死去の報がもたらされたのである。

形左衛門はまだ一日もお仕えしてはいなかったが、数百人もいる藩士のなかからとくに所望されたことは身にあまる恩顧であると感じ入り、忠直様の弟直弘様に引きとめられたにもかかわらず、承知しないで、追腹を切ったのだった。

○林形左衛門 —— 帰化朝鮮人林栄久の次子。

肥前様追腹、林形左衛門は肥前様御存生のうち、お側無人に付お望みなされ、罷登《まかり》る支度仕り候半ばに、御死去の段申し来り、一日も御奉公は申上げず候へども、御家中数百人のうちよりお望みなされ候儀、身に余り有難き由にて、山城殿差止められ候へども承引仕らず、追腹仕り候由。（聞書第四）

## 組頭の後を追う

安芸殿〔鍋島安芸守茂賢、鍋島家の姻戚で大組頭〕が死去されたとき、藩士十八人（内、組下二人）が追腹を願い出たので、家老衆から、「殿様でなく、大組頭のあとを追って追腹を切るのは妥当でないと」と重ねて翻意を促された。ところが、この者たちは、「先年、八ノ院の合戦のとき、主水殿〔茂賢の兄茂里〕の組の中から、安芸殿がとくにわれわれを選び出してくださり、八ノ院で枕を並べて討死しようといい交わしました。そのときは安芸殿も討死されなかったので、われわれも今日までながらえてまいったのでございます。武士たる者が枕を並べてと約束しながら、一日もあとに残ることができましょうか」

といって、ついに追腹を切った。

十八人および供の者四人の位牌は妙玉寺にある。その姓名は別記する。

○八ノ院の合戦――関ケ原の役にさいし、鍋島直茂、勝茂親子は、家康から柳河城攻略の命を受け、同城の大手八ノ院の激戦で立花宗茂の軍を打ち破った。

安芸殿追腹人の事　安芸殿死去の時、組家中十八人、内組衆二人追腹仕り候に付て、御家老衆より、殿様を差置き、寄親《よりおや》の供仕る事然《しか》るべからざるの由、しきりに差留められ候。組中の者申し候は、「先年八院一戦の時、主水殿組の内選び取りと候に付て、我々を安芸殿選び出され候。八院にて同じ枕に死に申すべく候と申しかはし候。その時は安芸殿討死なく候故、我々ただ今までながらへ候。武士たる者が、同じ枕と申しかはし、一日も跡に残り申すべきや」と申し候て、追腹仕り候由。十八人また供四人の位牌、妙玉寺にあり。名書別に之を記す。

（聞書第八）

## 先だって殉死

勝茂公の病状が重くなったとき、ご子息の光茂公にたいして志波喜左衛門が申し上げた。

「私はかねて勝茂公にお供をするとお約束申し上げておりました。ご回復おぼつかないありさまですが、殿のお命に代えて、私がさきに追腹仕りますならば、あるいはご回復もかなうやもしれませぬ。いずれは冥途のお供をする身、先立つ切腹をお許しくださいますよう」

光茂公はそのため増上寺〔東京都芝公園内にある浄土宗大本山〕の和尚に、

「命代わりの切腹ということが許されましょうか」

と使いをやって伺わせたところ、

「それはなりません。お家にとってかけがえのない家臣ですから大切になさいますように」

との返事があり、事前の追腹はさしとめられた。光茂公はその忠誠心に心を打たれ、子孫は疎略にしまいという直筆の書状をくださった。いまもその子孫が持ち伝えているそうである。

勝茂公御病気差重られ候時分、光茂公へ志波喜左衛門申上げ候は、「私儀はかねて御供のお約束申上げ候。御本復不定にお見え遊ばされ候間、御命代りにお先に腹を仕り、自然御本復の儀も御座あるべく候やと存じ奉り候。いづれ御供仕る儀に候間、差許され候様に」と申上げ候に付、増上寺方丈へ、「命代《かわ》り申す事御座候や」とお尋ねに遣はされ候処、「かつて罷成らざるものに候。大切の士おかこひなされ候様に」と申し来り、差留められ候。その忠心御感遊ばされ、子ども疎《おろそ》かになさるまじき由、御自筆の御書下され、今に子孫持ち伝へ候由。

（聞書第四）

# 殉死の誓約をとりけした男

横尾内蔵之丞《よこおくらのじょう》は並ぶ者のない槍の使い手で、直茂公からとくに目をかけられていた。直茂公はお孫の元茂様へ話をされるときでも、

「内蔵之丞が若い盛りのころ、合戦で示した槍の腕前を、お前たちにも見せてやりたかった。まことに見物《みもの》であったぞ」

などほめそやされるほどであった。

内蔵之丞もそのお気持をありがたく思い、殿が世を去られるときは追腹を切ってお供するという誓紙《せいし》をさしあげてあった。

ところが、内蔵之丞は百姓のあいだに訴訟沙汰を起こし、評定の結果、内蔵之丞に理のないことがわかったので、彼の負けとなった。すると、内蔵之丞は腹を立て、

「百姓に思召《おぼしめ》しを替えられた者が、追腹をするわけにはまいりません。誓紙をお返しください」

と申し上げたので、直茂公は、
「良いところがあれば悪いところがあるのだ。武道はすぐれているが、世間知らずで惜しいことよ」
といわれ、誓紙をお返しになったという。

透雲《とううん》聞書の内　横尾内蔵之丞無双《よこおくらのじようむそう》の槍突にて、直茂公、別けてお懇《ねんごろ》に召使はれ候。月堂様へお話にも、「内蔵之丞が若盛りにて、虎口前《こぐちまえ》の槍を其方などに見せたき事なり。誠に見物事にてありし」と御褒美遊ばさるる程の者なり。内蔵之丞もお懇かたじけなく存じ、追腹御約束誓紙差上げ置き申し候。然る処、百姓と公事を仕出し、御披露あり。無理の公事にて、内蔵之丞負けになりたり。その時内蔵之丞立腹致し、「百姓に思召替へらるる者が追腹罷成らず候。誓紙差返され候様に」と申し上げ候に付て、直茂公、「一方よければ一方はわろし。武道はよけれども、世上知らで惜き事なり」と御意なされ、誓紙お返し成され候由。

（聞書第三）

## 追腹仲間を弁護

　年寄役中野杢之助《なかのもくのすけ》は、勝茂公が逝去の前年、参勤のため江戸へ上られるのに従ったが、道中である者が彼のことを勝茂公に讒言《ざんげん》した。そのため杢之助は勝茂公の覚えが悪くなり、御前にも召されなくなってしまった。

　やがて勝茂公が病気になられたとき、鍋島采女《なべしまうねめ》が申し上げた。

「殿に万一のことがあったときは、中野杢之助、志波喜左衛門、それに私の三人が、そろって冥途のお供をしようと、かねがね申し合わせております。お供する者はほかにも数人ございましょうが、申し合わせていない者については、定かでございません。なにとぞ、お命のあるうちに、杢之助をお召しくださいますよう」

　そのため、中野杢之助はふたたびお目通りがかなうようになった。

――この三人は事実、次項のように申し合わせどおり追腹を決行するのである。

中野杢之助《なかのもくのすけ》（年寄役）去年御参観の御道中にて、ある者讒言致し、首尾悪しく、お目通りへ召出されず候。御機嫌御勝れなされざるに付て、鍋島采女《なべしまうねめ》申上げ候は、「自然御本復遊ばされざる節は、杢之助・志波喜左衛門・某《それがし》三人はお供仕るはずに、かねがね申合はせ置き候。外にも数人御座あるべく候へども、申合はせざる人は分明心得申さず候。されば杢之助儀御存生内に召直され候様に」と申上げ候に付、即ち御前へ召出され候。（聞書第四）

## これにてお別れいたします

勝茂公が息を引き取られたとき、お薬をさしあげる役をしていた鍋島采女はその薬道具を打ち砕き、御印役の志波喜左衛門は御前で印判を打ち割った。そして両人でご遺骸を清めて納棺し、うつぶして泣きつづけた。やがて急に立ち上がってどちらからともなくいった。

「殿はおひとりで旅立たれた。一刻も早く追いつこうではないか」

そして、ともに覚悟の装束で表座敷に出ていったところ、大広間には多久美作守《たくみまさかのかみ》はじめ内外の人びとがつめかけていた。

両人は手をついて、

「どなたさまも、申し上げようもないほどご懇意にしていただき、幾日語りつづけてもお名残りはつきません。これにてお別れいたします」

と、挨拶し、とおりぬけていった。

人びとは涙を流すばかりでことばもない。さしも剛勇無双の美作守も声がつまり、両人のうしろすがたを見送って、

「ああ、曲者だわい、曲者だわい」

とつぶやくだけであった。

この両人に中野杢之助を加えた三名は、かねて申し合わせのとおり、それぞれ追腹を切ったのである。

杢之助は最期のときまで、自分を讒言した者のことを憤っていた。

采女はわが家に帰り、数日来の看病疲れを休めるために行水を使い、ひと休みするといってしばらく寝たが、目が覚めると、

「枝吉利左衛門がくれた毛氈《もうせん》を敷いてくれ」

といいつけ、二階の一間に毛氈を敷かせ、そのうえで切腹した。介錯をしたのは三谷千左衛門であったという。

ある人の話によると、杢之助がいつも持っていた扇子に、一首の歌が書かれていた。

　をしまるるとき散りてこそ世の中の　花もはななれ人もひとなれ

御薬役采女相勤め、御臨終の時お薬道具打砕き、御印役喜左衛門光茂公御前にて御印を打割り申し候。さ候て、両人にてお行水相仕舞ひお棺に入れ奉り、差俯《さしうつむ》向き泣入り罷《まかり》在り候。ふと起上り、「殿は一人お越なされ候に、一刻も追付き申すべし」と浴衣のままにて表に出で候へば、大広間には美作守《みまさかのかみ》始めお側、外様の衆並居り申し候。両人手を突き、「いづれ様も御懇意新らしく申すに及ばず、お名残は幾日語り候ても尽き申さざる事に候。さらばにて御座候」と申して罷通り候。諸人落涙より外は言葉もなく候。さしも強勇の美作守も声出ず、後より見送り、「ああ、曲者かな曲者かな」とばかり申され候。杢之助は最期まで譏人の事を申し候て憤られ候。采女は小屋に帰り、頃日《けいじつ》の疲れ休めに行水して、少しの間休み申すべしとて、暫く寝入り、目覚め候てより、「枝吉利左衛門餞別の毛氈敷き候へ」と申付、二階一間一枚の毛氈を敷き追腹、介錯三谷千左衛門仕り候なり。

ある人云ふ、杢之助常に持ち申され候扇、歌一首あり。

をしまるるとき散りてこそ世の中の　花もはななれ人もひとなれ

（聞書第四）

## 追腹を禁止

——藩祖直茂、第一代勝茂の代まで当然のこととして認められてきた殉死は、第二代光茂のときにいたって禁止される。それは光茂が家督をついで四年目のことであった。

『鍋島光茂年譜』寛文元年（一六六一）の項にこう記されている。ときに光茂三十歳。

七月七日、叔父君盛徳院殿のご死去にさいし、光茂公は追腹を切ろうとする者をさしとめられ、以後、いっさい追腹は禁止と仰せつけられた。

その後、紀州家の徳川光貞卿がこれに共鳴され、紀州家の追腹も禁止された。

そして、寛文三年（一六六三）五月二十日、幕府は全国の追腹を禁止したのである。

○盛徳院殿――初代藩主勝茂の四男直弘。分家して白石邑（佐賀県北茂安町）の祖となる。

――殉死の実態とその禁止のいきさつ　主君のあとを追って殉死する、いわゆる「追腹」の習慣は、戦国時代から江戸時代初期にかけて流行し、各大名の家中ではこれを競うの観さえあった。

その実態には三種類あったといわれる。すなわち、義腹《ぎばら》、論腹《ろんばら》、商腹《あきないばら》である。義腹は、君臣の義によって切腹するものである。論腹は、「だれそれが追腹を切ったから自分も」という理づめのものをいう。そして商腹は、追腹することによって子孫を引き立ててもらおうとする計算ずくのものである。

一方、これが無意味だという意見もあり、黒田如水《くろだじょすい》、藤堂高虎《とうどうたかとら》などは、流行期においてすらこれを禁じていた。寛文三年、将軍家綱は「武家諸法度」の修正を公布するとともに追腹を厳禁したが、これに先立って追腹を禁止した大名も少なくない。佐賀藩の鍋島光茂をはじめ、紀州藩の徳川頼宣、水戸藩の徳川光圀、岡山藩の池田光政、会津藩の保科正之などがそれである。おもしろいのは、『葉隠』が佐賀藩の先鞭によって幕府を動かしたと記しているように、他家でもそれぞれ自分のところこそ禁令の元祖であることを強調していることだ。

七月七日　盛徳院殿死去、追腹の者差留められ候以来、御法度に仰付られ候。その後紀州光貞卿御感心、御家中追腹法度成され候。寛文三年癸卯五月二十日公儀御法度に成り候なり。（聞書第五）

## 言い出す勇気

——それまで美徳とされていた追腹が禁止されたとき、多くの家臣たちはホッとしたことであろう。だが、その本音を先に立って言い表わすには勇気が要ったにちがいない。『葉隠』のさりげない一節に、この勇気を示した者の記録が残されている。

盛徳院殿が死去されたさい、光茂公は追腹を切ろうとした者をさしとめられた。そのお使いが盛徳院殿のお屋敷に行って臣下たちに申し渡したが、集まっている一同のうち、さきに立ってこれに服そうと言い出す者がいなかった。

そのとき石丸采女《いしまるうねめ》が末座から進み出てこういった。

「若輩の身で出すぎたことですが、光茂公の仰せはごもっとものことと存じます。私はお側に仕えてきた者ですから、追腹を切るものときめておりましたが、殿の仰せをうけたまわり、その筋道が立たなくなった以上、みなさま方はどうあれ、私は思いとどまり、お世継に奉公いたすつもりです」

その結果、一同みな同じように命令に服したという。

盛徳院殿死去の時、追腹人光茂公差留められ候。御使、彼の屋敷に参り申渡し候へども、とかくお請申上ぐる者これなく候。その中に石丸采女（後名清左衛門）末座より申し候は、「若輩者の推参に候へども、御意の趣ごもつともに存じ奉り候。私儀山城殿の座を直し候者に候へば、一途に追腹と存じはまり候へども、殿様御意を承り、その理に詰り候上は、面々はともかくも、某《それがし》に於ては追腹存じ留り、世継に奉公仕るべく候」と申し候に付て、いづれも同然にお請申上げ候由。（聞書第六）

# 八　山本常朝自伝

山本常朝の生涯は解題に記したとおりだが、ここに『葉隠』のなかから常朝の自伝的回想をぬきだしてみよう。猛烈人間から中年にして隠遁、その屈折した生涯。武への憧憬《どうけい》と文への傾斜、そうした矛盾を貫く一筋の反骨……。このような彼自身の生涯を知るとき、『葉隠』は私たちにとって、よりいっそう身近なものとなって迫ってくるであろう。

# 父の教育

わが父山本神右衛門《やまもとじんうえもん》は、一門の子どもが生まれると、まだ一年もたたないうちから、その耳もとに口を寄せ、「大曲者《おおくせもの》になって、主君のお役に立つのだぞ」というのであった。そしてつねづね、「子どもというものは、まだなにもわからぬうちに、根性ということを耳に吹きこまねばならぬ」といっていたそうである。

山本前神右衛門《やまもとぜんじんうえもん》は、一門の子供、当歳子にても耳に口を寄せ、「大曲者になりて殿の御用に立ち候へ」と申し候。「未だ聞分けぬ時より、耳に吹込みたるがよし」と申され候由。

（聞書第六）

## 鍛練

自分は父神右衛門のいいつけで、幼いころから、よく市中の唐人町出橋へ使いにやらされた。世間の風にあて人に馴れさせるためであったらしい。五歳からは諸家へ父の名代として出むいた。七歳から、からだを鍛えるためにと、武者わらじをはいて先祖の墓まいりをさせられた。

前神右衛門申付けにて、幼稚の時分、市風《まちかぜ》に吹かせ、人馴れ申すためとて、唐人町出橋に、節々遣はし候由。五歳より各々様方へ名代に出し申し候。七歳より、がんぢうのためとて、武者草鞋をふませ、先祖の寺参り仕らせ候由。

（聞書第二）

## われこそは

自分が二十四、五歳のときのことである。石田一鼎《いしだいってい》に会って、

「鍋島のお家がつぶれるなどということは、末代までもございません。なぜなら、私が代々このご家中に生まれ代わり、自分ひとりでお家を抱えとめて見せます」

と申し上げたところ、

「えらいことをいうな」

と笑われた。

あとで、一鼎がわが山本家の菩提寺《ぼだいじ》龍雲寺の住職卓本《たくほん》和尚に、

「お国に変り者があらわれましたぞ。むかしにおとらぬような」

と話されたと聞いた。

○石田一鼎（一六二九～一六九三）――佐賀藩第一の学者。山本常朝もその薫陶《くんとう》を受けた。かつて勝茂、光茂に仕えたが、四十九歳のとき剃髪した。

一鼎に逢ふて、「お家などの崩るると云ふ事は末代までこれなく候。仔細は、生々世々、御家中に生れ出で、お家は我一人して抱留め申す」と申し候へば、「大胆なる事を申す」と笑ひ申され候。二十四五の時の事なり。卓本《たくほん》和尚に一鼎申され候。「お国に変りたる者出来申し候。昔恥かしからぬ」と話し仕られ候と、承り申し候出家物語なり。

（聞書第二）

## 従兄弟の切腹を介錯

——二十四歳のとき、常朝は、従兄弟沢辺平左衛門《さわべへいざえもん》の介錯をした。平左衛門は自宅で仲間と賭け弓のあげく博打となり、それが問題化して切腹を命ぜられたのである。常朝は、そのときの措置がよかったことを一門の長老から賞賛され、これが彼に大きな自負を与えたようである。

自分が沢辺平左衛門の介錯をしたとき、中野数馬が江戸からほめた書状を送ってくれたが、「一門のほまれである」とものものしい文面であった。その当時は、介錯のことでこんなにまでいわれるとは、と思っていたが、後になってよく考えてみると、このほめ方はまことに老練なものであった。

若い者にたいし、たとえわずかのことでも、武士らしいやり方をしたときはほめてその気にさせ、勇躍させるためであったにちがいない。

同じく親戚の中野将監《しょうげん》からも、さっそくおほめのことばを認めた書状が送られた。二通とも保存してある。山本五郎左衛門からは鞍《くら》と鐙《あぶみ》を贈られたのであった。

——切腹を命ぜられた沢辺平左衛門は、その前夜、常朝に介錯を依頼した。常朝はこれを承知してつぎの返書をしたためた（聞書第七）。

「お覚悟、案中ながらに候。介錯の儀相頼まるる由、その意を得候。一遍はお断りをも申すべき儀に候へども、明日の儀、只今になり何角《なにかど》申す場にてもこれなく候故、則ちお請合ひ致し候。人多き中、私へ仰《おおせ》聞けらるる段、身に取り本望に存じ候。この上は万端お心安んぜられ候へ。夜中ながら追付《おつつけ》お宅へ罷出《まかり》で、御面に委細申し談ずべく候。以上、十一月十日」

平左衛門はこの返信を受けとり、「またとない文面だ」といったという。むかしから、介錯を頼まれるのは、迷惑なことであったらしい。首尾よくいっても名誉にはならず、失敗すれば一生の疵となる。それを若い常朝が、りっぱになしとげたのである。

沢辺平左衛門を介錯いたし候時分、中野数馬江戸より褒美状遣《つか》はし、「一門の外聞を取り候」と、事々しき書面にて候。介錯の分にて、斯様《かよう》に申越され候事余りなる事と、その時分は存じ候へども、その後よくよく案じ候へば、老功の仕事と存じ候。若き者には、少しの事にても武士の仕業を整へ候時は褒め候て気を付け、勇み進み候様仕る為にてあるべく候。中野将監よりも、早速《さつそく》褒美状参り候。両通ながら直し置き候由なり。五郎左衛門よりは鞍・鐙を送り申し候なり。

（聞書第一）

# 『残念記』

若いころ、『残念記』と名づけて、その日その日の過《あやま》ちを書きつけてみたところ、どんな日でも二十や三十はあり、際限がないのでやめてしまった。いまでも、寝てから一日のことをふりかえってみると、言い損い、やり損いのない日はない。さてもむずかしいものだ。才にまかせて行動している人には思いもよらぬことであろう。

若き時分、残念記と名づけて、その日その日の誤を書付けて見たるに、二十、三十なき日はなし。果てもなく候故止めたり。今にも一日の事を寝てから案じて見れば、云ひそこなひ、仕そこなひのなき日はなし。さても成らぬものなり。利発任せにする人は、了簡におよばざることなり。

（聞書第一）

# 若いときは文句をいえ

長崎防備のため殿に随行して派遣される藩士の編成にさいし、ある年、自分は第二陣に割り当てられた。できた名簿を見てそれと知ったので、自分は係の役人のところへ出かけ、「編成によると私は殿のお供をしないようになっているが、承服できません。絶対に編成簿に判はおしませんから承知願います。私が本隊から洩れたのは、書物役をしているからだと存じます。このようなことを申すのはけしからぬということでお役ご免になるのは望むところ、切腹させていただきます」

と言い捨てて席を立った。

その後、銓衡《せんこう》しなおして本隊に加えられたのであった。若いうちは、がんばりがなくてはだめである。心得ておくことだ。

○長崎防備――徳川幕府は鎖国実施いらい長崎を唯一の貿易地としたが、寛永十九年（一六四二）、その防備を佐賀藩と福岡藩が交代して当たるよう命じた。佐賀藩は第一代勝茂いらい、藩主みずから兵をひきいてその任に当たった。これは幕末まででつづいたが、藩財政上の大きな負担であっただけでなく、いわば鎖国時代の国防第一線というわけで、藩主以下の決意は並々ならぬものがあった。たとえば、第二代光茂が将軍綱吉の即位にさいし、改めて長崎防備の任務継続を命ぜられたとき、藩の重臣に語った決意がこう記録されている（『鍋島光茂年譜』）。

「長崎は異国の手当にて大事の御番なり。然《しか》れば異国に対し、日本の恥をかかぬ所が肝要の目当なり。自然（万一）御禁制船著岸《ちゃくがん》、一戦に及ぶ時は、我等一番に討死する覚悟なり」

お側長崎お仕組に、一とせ二番立に割付け、御帳出来候を見候に付て、役人へ申し候は、「陣立の時分、殿の御供仕らざる儀、拙者は罷成らず候。弓矢八幡、触状帳面に判仕らず候間、左様に心得申さるべく候。これは書物役仕る故にて候はんと存じ候。斯様に申す儀不届と候て、役を差はがるるは本望、切腹幸にて候」と申捨て罷立ち候。その後詮議にて仕直し申され候。若き内、力みこれなく候ては罷成らず候。心得有る事の由。

（聞書第一）

## 七年間の禁欲

病気になってから養生するというのは下策であって、かえって困難なものである。病気になるまえに病気の根を断たなければならないのだが、仏教者が表面のことだけで議論するように、医者もこのことに気づいていないようだ。

自分は体験でこれを知った。そのやり方は、飲食と性欲を節制し、たえず灸をすえるのである。

私は父が老齢になって生まれた子なので、体の水分が少なかったようだ。幼少のころ、医者などが「二十歳までは持つまい」などといっていたので、「たまたま人と生まれ、奉公もなしとげずに死ぬのは無念である。このうえは生きてみせるぞ」と決心し、七年間、禁欲生活をおくったが、ついぞ病気にかからず、今日まで存命している。薬などろくにのんだことはなく、軽い故障などは、気力で退散させてしまった。

昨今の人間は、生まれつき弱いところに房事が過ぎるから、みな若死するのである。つまらないことだ。医者にもいっておきたいが、病人などは半年か、一、二年のあいだ禁欲させれば自然となおってしまうであろう。大方の人は虚弱に生まれついている。その病根を断ち切れぬとは情けないことである。

病気を養生するといふは、第二段に落つるなり。むつかしきなり。仏家にて、有相《うそう》について沙汰するが如く、病気以前に病気を切断することを、医師も知らぬと見えたり。これは、我確《しか》と仕覚えたり。その仕様は、飲食・婬欲を断つて、灸治、間《あいだ》もなくする、この分なり。我は老人の子なる故、水少なしと覚え候。若年の時、医師などは、「二十歳を越すまじく」と申され候に付、「適々《たまたま》生れ出で、御奉公も仕届けず相果て候ては、無念の事に候。さらば生きて見るべし」と思ひ立ち、七年不婬したるが、病気終《つい》に発《おこ》らず、今迄存命仕り候。薬飲みたる事なし。また小煩《わずら》ひなどは、気情にて押したくり候。今時の人、生付《うまれつき》弱く候処に、婬事を過す故、皆若死をすると見えたり。たはけたる事なり。医師にも聞かせて置きたきは、今時の病人を、半年か、一二年か、不婬させ候はば、自然と煩ひは直るべし。大方虚弱の性なり。これを切り得ぬは腑甲斐《ふがい》なき事なり。

(聞書第二)

## 主君の死

――常朝四十二歳のとき、藩主光茂が死去した。これよりさき、寛文元年（一六六一）、佐賀藩は殉死を禁止し、寛文三年には幕府も禁令を発していたので、常朝は、殉死に代えて勤めを退き、出家して黒土原《くろつちばる》の草庵に隠棲するのである。

光茂公ご逝去前のことである。当時、私は京都役を命ぜられて上方《かみがた》にいたが、どうしたことか帰国したい気持にかられた。そこで三条西家の家来河村権兵衛に頼んで、三条西大納言実教卿から光茂公に贈る『古今伝授』をおとどけする役目をいただき、夜を日に継いで下ったところ、かろうじてご最期に間にあったのである。

光茂公の病状が悪化しているということは、上方ではまだなにも知らないときのことで、思えば不思議な因縁である。若いころから、自分こそ真の家来であると思いこんでいた一念にたいし、神仏のお告げがあったのであろう。

とくに目立った奉公をしたことはなく、なんの徳もない自分であるが、いざというときは、かねて覚悟のとおり、自分ひとりでもお供をして、主君のお名を汚すまいと思っていた。大名の死去にさいし、お供する者がひとりもないというのでは淋しいかぎりである。これで人の心がよくわかった。主君のためにわが身を投げだす者がいないのである。ただ自分を捨てればいいのである。意気地なし、腰抜け、欲ばり、自分のことしか考えない汚い人間が多いのである。あれから数年たつが、不愉快な思いが胸中を去らない。

○古今伝授——むかし、『古今和歌集』『伊勢物語』『源氏物語』などの解釈は、門外不出の秘伝として特定の者にだけ伝授された。『古今伝授』は東常縁《とうのつねより》に起こり、飯尾宗祇《いいおそうぎ》を経て三条西実隆《さんじようにしさねたか》に伝えられていたものである。

——光茂の死去にさいし、生前とりいっていた高官たちが、さっさと新しいバスにのりかえる風潮を常朝は痛憤し、こうも語っている。

「久しく世間を見るに、首尾よき時は、智慧・分別・芸能を以て御用に立ち、ほのめき廻る〔ちやほやと忠義立てする意〕者多し。主人御隠居成され候か、御かくれ成され候時には、早《はや》後むき、出る日の方へ取入る者数多《あまた》見及び、思ひ出しても、きたなきなり。大身・小身・智慧深き人・芸の有る人、我こそめきて御用に立たるれども、主人の御為に命を捨つる段になりて、へろへろとなられ候。香ばしき事少しもなし」（聞書第二）。

ちなみに光茂死去のさい、出家もしくは髪を切ったのは常朝夫妻はじめ二十数名で、概して身分の低い者が多かったようである。

御逝去前、上方に罷在《まかりあり》候処に、何としたる事に候や、罷下りたき心出来候に付て、河村頼み、お使申し乞ひ、夜を日に継いで下り候が、漸く参り合ひ候。不思議と存じ候。お気色差詰められ候と有る事は、嘗《かつ》て上方へ相知れざる時分にて候。若年の時分より、一人被官は我等なりと思ひ込み候一念にて、仏神のお知らせかと存じ候。差出でたる奉公仕りたる事もなく、何の徳もなく候へども、その時は兼《かね》て見はめの通り、我等一人にて御外聞は取り候と存じ候。大名の御死去に御供仕り候者、一人もこれなく候ては淋しきものにて候。これにて能く知れたり。擲《なげう》ちたる者はなき者にて候。唯、擲ちさへすれば済むなり。すくたれ、腰抜、欲深の、我が為ばかりを思ふきたなき人が多く候。数年胸わろくして暮し候由。（聞書第一）

# よくも化けすましたもの

――以上の現役時代を語る熱っぽさとはうって変わって、常朝は時に虚無的な感慨を洩《も》らしている。常朝にあってはこれはまさに表裏をなす一つのものであったろう。

六十、七十まで奉公する人もあるというのに、自分は四十二で出家してしまった。思えば短い現役生活であった。

それにつけても、ありがたいと思うことがある。光茂公ご逝去のとき、自分は死んだつもりで出家したのであるが、いまにして思うと、今日まで勤めをつづけていたならば、さてさてたいへんな苦労をしたことであろう。いらい十四年、のんびりと暮らせたことは、思いもかけぬしあわせであった。

しかも、こんな私をひとかどの人物だと思い、みながつきあってくれている。自分の心をよくよく省みてみると、よくも化けすましたものである。ありがたいことで、罰があたるとばかり考えている次第である。

六十、七十まで奉公する人あるに、四十二にて出家致し、思へば短き在世にて候。それに付、有難き事かなと思はるるなり。その時は、死身に決定《けつじょう》して出家になりたり。今思へば、今時まで勤めたらば、さてさていかい苦労仕るべく候。十四年安楽に暮し候事、不思議の仕合せなり。それにまた、我等を人と思ひて諸人の取持に合ひ候。我が心をよくよく顧み候へば、よくもばけ済ましたる事に候。諸人の取持勿体《もったい》なく、罪も有るべきとのみ存じ候事に候。（聞書第一）

# もうろく

もうろくすると人間の地《じ》が出るものらしい。気力のあるあいだはなんとか押えて隠しているが、衰えてくると本来の生地が出てくるのは、いかにも恥ずかしい。

あらわれかたはいろいろだが、人間六十にもなるともうろくしない者はない。もうろくしないと思っているのが、すでにもうろくしているのである。

わが師石田一鼎《いしだいってい》などは〝理屈もうろく〟であったと思う。自分ひとりで主家を支えるつもりになり、老いぼれ姿でお歴々のところを訪ねまわっていたものである。人びとはみな、さすがと感心していたが、いま思えば、あれもうろくである。

私がよい手本である。ひしひしと身に老いを感ずるようになったので、主君光茂公の十三回忌を最後に、忌日の参詣にも参上せず、ますます出歩かないことにきめた。老先きのことを考えなければなるまい。

老耄《ろうもう》は得方にするものと覚えたり。気力強き内は差引をして隠し果すれども、衰へたる時、本体の得方が出で、恥しきものなり。色品こそかはれ、六十に及ぶ人の老耄せぬはなし。せぬと思ふところが早や老耄なり。一鼎は理屈老耄と覚えたり。我一人してお家は抱へとむるとて、歴々方へ老いぼれたる形にて、駆け廻り入魂を仕られ候。諸人もつともと存ずる事にて候。今思へば老耄なり。我等がよき手本、老気身に覚え候に付て、お寺へも御十三年忌限りに不参仕り、いよいよ禁足に極めたり。先を積らねばならぬものなり。（聞書第一）

## 血気の老人

——隠遁し、世の空しさを語りながら、一方で、常朝の血はなお騒ぐのである。枯木ともみえる古木のなかに、なお脈々と樹液の流れる常朝のすがた。そのようすを田代陣基はこう記録している。

「隠居したいまとなっても、お家の一大事というときはまっさきに進み出ようと考え出すと、思わず胸がこみあげてくる。いまはなにひとつ欲しいものもなく死人同様と思ってすべてを捨て去った身だが、この一事ばかりは若いころから骨身にしみこんでいるからであろう。忘れようとしても忘れられず、自分でなければだれがやれるものかとばかり考えている。家老衆をはじめ家中の人たちは、ここまでお家のことを考えてあげることができないものだろうか」

と常朝殿はいわれたが、落涙して声がふるえ、しばしは話もできないようすであった。

「いつもこのことを考え出しさえすれば、こうなってしまう。夜中であろうと明け方であろうと、ひとりのときであろうが対座しているときだろうが、そうなのだ。まったく埒《らち》もないことよのう」

というのであった。こうしたお話で落涙されるのを、自分〔田代陣基〕は、しばしば目のあたりにしたものである。

「今にてもあれ、お家一大事の出来候時は進み出で、一人も先にはやるまじきものをと存じ候へば、いつにても落涙仕り候。今は何事も入らず、死人同然と思ひて万事捨て果て候へども、この一事は若年の時分より、骨髄に徹り思ひ込み候故なり。何と忘るべしと思ひても心に任せず、あつぱれ我等一人ならでは無きとのみ存じ候。家老衆を始め御家中の衆、斯様にお家を思ふて上げらるまじきかと思ふなり」と御申し候て、涙落ち声ふるひ、暫《しば》しは話もなり申さず候。「いつもこの事さへ存じ出し候へば、斯様にこれあるなり。夜半、暁、独居、対座の時も同然なり。誠に益体《やくたい》もなき事」となり。この話にて落涙の事、数度見及び申し候。

（聞書第二）

# 生涯をふりかえって

私は父神右衛門が七十歳のときの子で、塩売りにでもくれてやろうということになったところ、父の大組頭であった多久図書殿《たくずしょどの》が、

「神右衛門は人目にたたぬ奉公をしている、と、先君勝茂公がいっておられたものだ。おそらく、その結果が子孫にあらわれたので、きっと御用にたつ者となるであろう」

と止められ、松亀《まつかめ》と命名された。そして父の親友枝吉利左衛門の手で袴着《はかまぎ》の式を行なっていただき、九歳のときから、当主光茂公お付きの小僧に召し出され、不携《ふけい》と名づけられた。

また若殿綱茂《つなしげ》公にも召し使われたが、こたつの上にのって、いたずらをしたり、おんぶされたりして遊び、その時分は手のつけられぬ悪童と思われていた。

十三歳のとき、光茂公から前髪を立てるようにいわれた。いらい一年間、自宅にひきこもり、翌年五月一日から出仕して名を市十《いちじゅう》と改め、お小姓を勤めることになった。

やがて二十歳となり、御歌書役倉永利兵衛の烏帽子親《えぼしおや》で元服、名を権之丞と改め、御書《おかき》

物役手伝を命ぜられた。この倉永利兵衛は、ずいぶんと目をかけてくれ、あるとき光茂公に、

「権之丞は歌を詠むことができますので、若殿様からも時おりお召しがございます」

と申し上げた。ところが、これがかえってさしさわりとなり、しばらくお役目から外されることになった。後で気づいたことだが、利兵衛の気持としては、私を後継者にしようとしたのであろう。

このことがあって後、光茂公が参勤のため江戸へ出府されたときもお供できず、ぶらぶらしていたので、ひどく不安となった。

そのころ、鍋島家菩提寺高伝寺の住持を辞した湛然《たんねん》和尚が松瀬《まつせ》〔現在、佐賀郡大和町〕に住んでおられた。亡父の頼みもあって親しくしてもらっていたため、ときどき出かけ、出家してしまおうかと考えるようになった。

このようすを見てとった親戚の山本五郎左衛門が、亡父の加増地を私に分けてやろうと、やはり親戚の重役中野数馬に相談した。その話をきいた私は、お情で微禄にありつくようなことは絶対に受けまいと思っていたが、役家老の政庁によびだされ、新たに扶持米《ふちまい》をいただくことになった（このとき、そうした者がほかに二人あった）。

この結果、小身者として人に見下げられるのは残念でたまらない。どうしたら気持よく奉公できるようになるだろうかと考えつづけたものである。

そのころ、毎晩のように山本五郎左衛門のところへ話を聞きにいっていたが、あるとき、

「古老の話に〝立身出世を考えるのは真の奉公人ではない。だが立身出世を考えないのも真の奉公人ではない〟とある。このへんのところをよく考えてみるがよい」

といわれ、一心に考えているうち、ふと得心した。

奉公の最たるものは、主君に進言して政治に与《あずか》ることである。下位にもたついていては役にたたない。してみれば、家老になることが奉公の極《きわ》みである。私利のための出世でなく、奉公のための出世を考えることだと合点がゆき、このうえは一度は家老になってみようぞと心にきめた。

ただし、あまり早い出世はむかしから好ましいものではないから、五十歳ぐらいから身を立てようと思い、四六時中、工夫修行をこらし、血の涙とまではいかぬが、黄色い涙が出るほど苦労したものである。この修行が角蔵流《かくぞうりゅう》である。

ところが主君光茂公に先立たれてしまった。重職にあるのは下らない連中で評判を落と

し、私もいまのような状態になってしまった。

立身出世による奉公という本望は、こうして遂げることができなかったが、別の意味で奉公の本望を遂げることができたのは、いろいろ話したとおりである。

こうと決心すれば、必ず本望は遂げられるものである。一方、ひとかどの働きをした者が、後に罰を受けるようになるのは、自慢して天罰を受けるからである。このことは、『愚見集』に書いたとおりである。このような身の上話をしてしまい、いかにも高慢のようであるが、量《はか》りしれぬ不思議な因縁から山家の閑談をするようになったので、ありのままに話したまでである。

――この翌朝、両名は句をよみかわしたのであった。

手ごなしの粥に極めよ冬籠り　　期酔（陣基）

朝顔の枯蔓《かれづる》燃ゆる庵かな　　古丸（常朝）

○さしさわりとなり――常朝が和歌をたしなみ、若殿の相手をしているということが、光茂の不興を買ったのである。じつは、光茂は歴代の佐賀藩主中、もっともよく和歌をたしなんだ。若いころ歌書に熱中したあまり、祖父勝茂の怒りにふれ、歌書全部を焼き捨てられたほどである。いらい光茂は和歌に淫することの危険を悟り、余技としての趣味に徹することになったという。政治家としての光茂は、一徹な青年常朝が文学に傾斜し、わが子にまでそれが感染することをおそれたのであろう。

○角蔵流――鍋島分家の小城藩に仕えた鍋島喜雲の草履取りで角蔵というものが、実用的な我流の格闘術を編みだした。それになぞらえ、常朝が自己流の生き方をさしているのである。

我等は親七十歳の子にて、塩売になりとも呉れ申すべしと申し候処、多久図書《たくずしよ》殿、「神右衛門は陰の奉公を仕ると、勝茂公常々御意なされ候へば、多分子孫に萌え出で、御用に立ち申すべし」とお留め、松亀と名をお付け、枝吉利左衛門より袴着させ申され、九歳より光茂公小僧にて召使はれ、不携《ふけい》と申し候。綱茂様よりも御雇ひなされ、お火燵の上に居り候て、わるさども致し、おかるひなされ候てども御遊びなされ、その時分何ともならぬわるさ者にとられ申し候。

十三歳の時髪立て候様にと光茂様仰付けられ、一年引入り居り申し、翌年五月朔日罷出で、市十と名を改め申し候て、御小姓役相勤め申し候。然る処、倉永利兵衛引入れにて元服いたし、御書物役手伝仰付けられ、余りの取成しにて、権之丞は歌も読み申し候に付、若殿様よりも折々召出され候と申上げられ候に付差支へ、暫く御用これなく候。利兵衛心入れはその身の代人に仕立て申すべき存入りと、後に存付き候。右の後江戸お供も仕らず、ぶらりと致し罷在り候に付て、以ての外不気味になり、その頃、松瀬に湛然《たんねん》和尚御座候。親より頼み申すと申し置き候に付て懇意に候故、節々参り、出家仕るべきかとも存入り候。

その様子、五郎左衛門見取り、前神右衛門加増地を差分け申すべしと、数馬へ内談仕りたる由承り候。弓矢八幡、取るまじと存じ候処、請役所に召出され、新に御切米仰付けられ候（外に両人あり）。この上は小身者とて人より押下げらるるは無念に候。何としたらば心よく奉公仕るべきかと、昼夜工夫申し候。その頃、毎夜五郎左衛門話を承りに参り候に、「古老の話に、名利を思ふは奉公人にあらず、名利を思はざるも奉公人にあらず、と申伝へ候。このあたり工夫申し候様に」と申し候故、いよいよ工夫一偏になり、ふと得心申し候。

奉公の至極の忠節は、主に諫言して国家を治むる事なり。下の方にぐどつき廻りては益に立たず。然れば家老になるが奉公の至極なり。私の名利を思はず、奉公名利を思ふ事ぞと、とくと胸に落ち、さらば一度御家老になりて見すべしと、覚悟を極め申し候。もつとも早出頭は古来のうぢなく候間、五十歳計りより仕立ち申すべしと呑込み、二六時中工夫修行にて骨を折り、紅涙までにはなく候へども、黄色などの涙は出で申し候ほどに候。この間の工夫修行すなはち角蔵流にて候。

然る処に御主人におくれ、かねがね出頭仕り候者は、すくたれ、御外聞を失ひ申し候に付て、かくの如く罷成り候。本意は遂げず候へども、しかと本意を遂げ申し候事だんだん話し申し候通りにて候。思立つと本望を遂ぐるものに候。また御用に立ち候もののばちこき候は、自慢の天罰故に候。この事愚見に書付け候通りなり。誠に身の上話、高慢の様に候へども、奥底なく不思議の因縁にて、山家の閑談、他事無く有体話し申し候となり。

（聞書第二）

翌朝

手ごなしの粥に極めよ冬籠り　　期酔

朝顔の枯蔓燃ゆる庵かな　　古丸

〈関係書〉

●栗原荒野『校註葉隠』（復刻版、熊本・青潮社）、奈良本辰也『葉隠』（角川書店）、相良亨・佐藤正英校注『葉隠』（岩波書店　日本思想大系26）、吉田豊『葉隠入門』（徳間書店）、三島由紀夫『葉隠入門』（光文社）など。

●ほかに佐賀の歴史に関するものとして、滝口康彦『佐賀歴史散歩』（創元社）が手ごろであろう。

●なお、「鍋島藩領邑のあらまし」は、『郷土の歴史・九州編』（宝文館刊、佐賀の項は福岡博執筆）を参考として作成したものであり、解題その他、同書の記述にも負うところが多かった。

本書は、昭和五十二年五月徳間書店から刊行された
『続葉隠』（現代人の古典23）に、加筆したものです。

神子　侃（かみこ・ただし）

1920年、新潟県に生まれる。中央大学卒業。編集者を経て、和漢の古典研究と著述を行なう。著訳書に『葉隠』『宮本武蔵　五輪書』『菜根譚』『史記の人間学』『孫子・呉子』『武将語録』『韓非子とマキアベリ』『孫子と毛沢東』など多数。本名・村山孚。

新《しん》篇《ぺん》葉《は》隠《がくれ》

平成15年5月27日　第1刷
平成29年11月10日　第7刷

原　著　山本常朝／田代陣基
編訳者　神子　侃
発行人　杉田百帆
発行所　株式会社　たちばな出版
〒167-0053 東京都杉並区西荻南2-20-9 たちばな出版ビル
電話　03-5941-2341(代)　FAX03-5941-2348
ホームページ　http://www.tachibana-inc.co.jp/

印刷・製本　慶昌堂印刷株式会社

ISBN978-4-8133-1699-2

## 「タチバナ教養文庫」発刊にあたって

人は誰でも「宝」を持っているけれども、ただ漫然としていては開花しません。それには「宝」を開ける鍵が必要です。それは、他からの良い刺激（出会い）に他なりません。そんな良き刺激となる素晴らしい古典・現代の名著が集まった処…。

それを「タチバナ教養文庫」はめざしています。

伝教大師最澄は、道心のある人を「宝」といい、さらにそれをよく実践し人々に話すことのできる人を、「国宝」と呼び、そういう人材を育てようとされたのです。そして、比叡山では、真実の学問を吸収し実践した多くの「国宝」が輩出し、時代時代の宗教的リーダーとして人々を引っぱっていったのです。

当文庫は、できるだけ広い分野から著者の魂や生命の息吹が宿っている書物をお届けし、忙しい現代人が、手軽に何時でも何処でも真実の学問を吸収されることを願って発刊するものです。そして、読者の皆様が、世に有為なる「国宝」となられ、豊かで輝かしい人生を送る糧となれば幸いです。

絶版などで、手に入れにくいものでも、できる限り復刻発刊させて戴きたいので、今まで入手困難と諦めていた書物でも、どんどんリクエストして下さい。

読者の熱烈なる求道心に応え、読者とともに成長していく魅力溢れる「タチバナ教養文庫」でありたいと念願しています。

# タチバナ教養文庫

《既刊書より》

**古神道は甦る** 菅田正昭

神道研究の第一人者による、古神道の集大成。いま、世界的に注目を浴びる神道の核心に迫る本書は、この分野での名著との評価が高い。

定価(本体九五一円＋税)

**言霊の宇宙へ** 菅田正昭

「ことば」の真奥から日本文化の源流を探るための格好の入門書。無意識に使っている言語表現の中に、宇宙的なひろがりを実感できる名著。

定価(本体九五一円＋税)

**伝習録** ―陽明学の真髄― 吉田公平

中国近世思想の筆頭格、王陽明の語録。体験から生まれた「知行合一」「心即理」が生き生きと語られ、己の器を大きくするための必読の書。

定価(本体九五一円＋税)

**禅入門** 芳賀幸四郎

禅はあらゆる宗教の中でも、もっとも徹底した自力の教えである。本当の禅を正しく解説し、禅の魅力を語る名著、待望の復刊。

定価(本体九五一円＋税)

**六祖壇経** 中川孝

禅の六祖恵能が、みずから自己の伝記と思想を語った公開説法。禅の根本的な教えをわかりやすく明解に説く。現代語訳、語釈、解説付。

定価(本体一一六五円＋税)

# タチバナ教養文庫

## 神道のちから　上田賢治

神道とは何か。生活を営むうえで神道が果たす役割を説き、大胆に神道を語る。実践神学の第一人者たる著者が贈る、幸福への道標の書。

定価（本体七五七円＋税）

## 近思録（上）　湯浅幸孫

中国南宋の朱子とその友呂祖謙が、宋学の先輩、四子（周敦頤・張載・程顥・程頤）の遺文の中から編纂した永遠の名著。道体篇他収録。

定価（本体九五一円＋税）

## 近思録（中）　湯浅幸孫

十四の部門より構成され、四子の梗概はほぼこの書に尽くされ、天地の法則を明らかにした書。治国平天下之道篇他を収録。

定価（本体九五一円＋税）

## 近思録（下）　湯浅幸孫

「論語」「大学」「中庸」「孟子」の理解のための入門書ともなり、生き方のヒントが随所にちりばめられた不朽の名著。制度篇他収録。

定価（本体九五一円＋税）

## 菜根譚　吉田公平

処世の知慧を集成した哲学であり、清言集の秀逸なものとして日本において熱狂的に読まれ続けている、性善説を根底にすえた心学の箴言葉。

定価（本体九五一円＋税）